COLLECTION MICHEL LÉVY
— 1 franc 25 cent. le Volume —
PAR LA POSTE, 1 FR. 50 CENT.

EUGÈNE DE MIRECOURT

CONFESSIONS
DE
NINON DE LENCLOS

PRÉCÉDÉES

D'UN COUP D'ŒIL SUR LE RÈGNE DE LOUIS XIV

PAR MÉRY

III

NOUVELLE ÉDITION

PARIS

MICHEL LÉVY FRÈRES ÉDITEURS
RUE AUBER, 3, PLACE DE L'OPÉRA

LIBRAIRIE NOUVELLE
BOULEVARD DES ITALIENS, 15, AU COIN DE LA RUE GRAMMONT

COLLECTION MICHEL LÉVY

AMOURS HISTORIQUES

CONFESSIONS

DE

NINON DE LENCLOS

III

MICHEL LÉVY FRÈRES, ÉDITEURS

OUVRAGES

DE

EUGÈNE DE MIRECOURT

Format grand in-18

COMMENT LES FEMMES SE PERDENT................	1 vol.
LA MARQUISE DE COURCELLES.....................	1 —
LES CONFESSIONS DE MARION DELORME............	3 —
LES CONFESSIONS DE NINON DE LENCLOS...........	3 —
MASANIELLO, LE PÊCHEUR DE NAPLES..............	1 —
ANDRÉ LE SORCIER...............................	1 —
UN ASSASSIN....................................	1 —
LE MARI DE MADAME ISAURE......................	1 —

F. Aureau. — Imprimerie de Lagny.

AMOURS HISTORIQUES

CONFESSIONS

DE

NINON DE LENCLOS

PAR

EUGÈNE DE MIRECOURT

PRÉCÉDÉES

D'UN COUP D'ŒIL SUR LE RÈGNE DE LOUIS XIV

PAR MÉRY

III

NOUVELLE ÉDITION

PARIS

MICHEL LÉVY FRÈRES, ÉDITEURS

RUE AUBER, 3, PLACE DE L'OPÉRA

LIBRAIRIE NOUVELLE

BOULEVARD DES ITALIENS 15, AU COIN DE LA RUE DE GRAMMONT

1874

Droits de reproduction et de traduction réservés

AMOURS HISTORIQUES

CONFESSIONS
DE
NINON DE LENCLOS

TROISIÈME PARTIE

I

En reprenant mes sens, je me trouvai dans la pièce ou nous avions dîné. Christine était à côté de moi. Elle me dit de l'air du monde le plus paisible :

— Vous avez eu tort de vous émouvoir de la sorte. Faire couper le cou à ce misérable en Suède ou ici, n'est-ce pas la même chose ?

Je la regardais en frissonnant, et je fus sur le point de m'évanouir une seconde fois.

— Madame, je vous en conjure, balbutiai-je, faites-moi donner un carrosse, que je m'en retourne à Paris.

— Voyager à une telle heure, y songez-vous ? Pourquoi ne pas coucher ? demain nous partirons ensemble.

— Non! non!... Dans ce château, après ce meurtre... Je veux partir à l'instant même.

Christine fit quelques tours dans la chambre avec agitation ; puis elle haussa les épaules et murmura :

— Bégueule!

Sur ce mot charmant, Sa Majesté Suédoise disparut. Je ne devais plus la revoir.

On vint bientôt me dire qu'une voiture était à mes ordres. Je m'empressai de descendre, peu curieuse de faire des adieux plus réguliers à la reine, et je montai en carrosse par une nuit noire, exposée sur la route aux attaques des voleurs, mais enchantée de fuir ce lieu maudit. Je me fis conduire, en arrivant, chez la comtesse, à qui je racontai les épouvantables détails de mon voyage. Elle envoya prévenir Mazarin, qui voulut m'interroger lui-même. Le ministre tomba de son haut lorsqu'il apprit de ma bouche toutes les circonstances de l'exécution du grand écuyer.

Un courrier fut expédié sur l'heure à Christine, pour lui défendre de reparaître à Paris.

Rentrée chez moi, j'y tombai malade, et je restai dans mon lit environ trois semaines, ne pouvant goûter un instant de sommeil sans faire des rêves de meurtre, et voyant toujours ce ruisseau de sang qui avait coulé jusqu'à moi. Plus je réfléchissais, moins je comprenais le motif pour lequel cette abominable femme avait voulu me rendre témoin de l'exécution de son amant. Depuis, on m'assura qu'elle croyait, par ce spectacle, me donner une haute idée de sa puissance de caractère et de sa justice.

Quand j'allai mieux, on vint me chercher de la part de la

reine, qui voulait, elle aussi, m'entendre raconter ce drame lugubre.

Mon récit la fit pâlir, ainsi que toutes les dames d'honneur.

Les amours de Marie de Mancini et de Louis XIV devenaient de plus en plus sérieuses. Anne d'Autriche commençait à manifester quelque inquiétude. Sans rien dire au ministre, elle écrivit à Madrid pour nouer elle-même les premières négociations d'un mariage entre son fils et l'infante d'Espagne. Mazarin ne tarda pas à être instruit de ces menées secrètes.

Un soir, comme j'allais quitter le Louvre, je trouvai Marie, qui sortait tout en pleurs de l'appartement de son oncle.

— Hélas! me dit-elle, j'ai le cœur dans l'affliction. Le cardinal refuse de parler à la reine et ne me laisse aucune espérance.

— Il refuse de parler à la reine : en êtes-vous sûre, Marie?

— Sans doute.

— Je ne puis le croire, chère enfant.

— Mais puisqu'il vient de me le dire.

— Ce n'est pas une raison.

— Pourquoi me rendre un espoir qui n'est plus?

— Votre oncle caresse depuis trop longtemps le projet de vous donner moitié de la couronne de France, pour abandonner ce projet si vite. Il n'est pas homme à céder le terrain sans livrer au moins bataille.

— Croyez-vous? fit-elle en essuyant ses larmes.

— J'en mettrais les deux poings au feu, Marie.

A peine achevais-je ces mots, que nous entendîmes la

porte de Mazarin s'ouvrir. L'amoureuse du roi m'attira dans l'embrasure d'une fenêtre.

Le cardinal regarda soigneusement autour de lui. Nous étions cachées sous d'épais rideaux de damas de Gênes à crépines d'or. Il ne nous aperçut pas. Croyant la galerie déserte, il se dirigea vers un petit couloir sombre que j'avais remarqué plus d'une fois, mais qui me semblait uniquement destiné au passage des laquais de service.

— Vous aviez raison, dit Marie d'un air joyeux, il va chez la reine !

— Par ce couloir ?

— Oui, venez. Il n'y a jamais de gardes. Nous pourrons entendre leur entretien.

La curieuse enfant m'entraîna. J'étais médiocrement rassurée sur les suites d'une pareille indiscrétion. Mais la nièce de Mazarin m'assura qu'il n'y avait pas le moindre danger d'être surprises, et j'avoue que je n'étais pas fâchée moi-même d'entendre ce qu'allaient se dire Anne d'Autriche et le ministre.

S'il n'y avait point de gardes dans le couloir, il y avait encore moins de lumière.

Nous marchions à tâtons, sur la pointe du pied, retenant notre souffle, et nous arrêtant lorsque nos pas avaient trop d'écho sur les dalles. Il m'arrivait parfois, en ouvrant une porte, de la faire crier : alors je m'arrêtais et j'avais le frisson. Un instant après, ma compagne se heurtait à quelque boiserie. Nos transes n'en finissaient plus. Enfin nous nous trouvâmes dans une espèce d'antichambre, éclairée faiblement par la lueur d'une veilleuse placée sous un globe de cristal.

— Nous sommes arrivées, dit la jeune fille.

J'écoutai, palpitante.

La voix de la reine et celle du cardinal frappèrent mon oreille.

— Mais quel obstacle voyez-vous à ce mariage? demandait Anne d'Autriche avec impatience.

Déjà son accent approchait de l'irritation.

— Aucun, répondait le ministre, si ce n'est toutefois ceux que votre fils peut faire naître.

— Mon fils?

— Oui, madame.

— Le roi trouvera-t-il dans les autres cours de l'Europe une alliance plus digne de nous que celle de l'infante?

— Non, sans doute.

— Cette union n'aura-t-elle pas, en outre, l'avantage de terminer nos trop longues querelles avec l'Espagne?

— Je l'avoue.

— Alors quel obstacle mon fils peut-il soulever?

— Le roi est jeune, madame, et les passions de la jeunesse...

— Quelles passions? Mais parlez donc! interrompit Anne d'Autriche, frappant du pied.

— Un roi cède plus facilement à ses caprices que les autres hommes.

— Nous savons cela; finissez avec vos préambules. S'agit-il de l'affection plus ou moins bizarre que Louis semble témoigner à l'une de vos nièces?

— Justement, répondit le cardinal, il s'agit de cela. Pourquoi ne point en convenir? Toutes les questions s'abordent.

— Et où avez-vous vu, monsieur, que les caprices des rois ou des reines, lorsqu'ils ont le sentiment de leur dignité, entravent jamais en quoi que ce soit la marche des affaires sérieuses? Vous devez mieux que personne savoir qu'il n'en est rien.

— Madame...

— Je vous ai sacrifié deux fois vous-même quand les intérêts du trône et ceux de la France m'en ont fait un devoir.

— Je n'en disconviens pas, dit le cardinal avec un léger ton d'aigreur; mais il est peu généreux à Votre Majesté de me rappeler ces mauvais jours.

— Pourquoi donc? Vous ai-je mis un seul instant à mon niveau?

Il est impossible de rendre le ton majestueux et méprisant tout à la fois avec lequel Anne d'Autriche prononça ces dernières paroles.

— Enfin, madame, le roi est majeur, il est le maître, dit Mazarin, de plus en plus piqué.

— Sans doute, il est le maître. Après?

Marie me serrait le bras avec force. La malheureuse enfant ressentait une angoisse inexprimable et ne devinait que trop, aux réponses d'Anne d'Autriche, le dénoûment de cette scène.

— Après, après... balbutia le ministre; je n'y suis pour rien, au bout du compte.

— Dans quoi n'êtes-vous pour rien?

— Sa Majesté vous dira que je ne lui ai jamais fait à cet égard la moindre insinuation.

— A l'égard de votre nièce?... Pour Dieu, monsieur le

cardinal, une fois dans votre vie, ayez de la franchise...
Achevez, mais achevez donc?

— Soit, répliqua Mazarin d'un ton résolu. Je suppose que, chez le roi, le cœur emporte la tête, et qu'il veuille à toute force épouser Marie?

Mazarin n'acheva pas. Une exclamation de colère s'échappa du sein d'Anne d'Autriche. Nous entendîmes reculer violemment un fauteuil. Il me fallut soutenir ma compagne, dont les genoux chancelaient et dont les membres étaient agités d'un tremblement d'effroi.

— Ah! voilà donc le grand mot lâché! s'écria la reine avec une violence extrême. Je n'aurais pas cru vraiment que vous auriez cette audace. Vous avez franchi le fossé, j'aime mieux cela. Du moins la situation devient nette, et nous pouvons nous comprendre.

— Permettez... je n'ai fait qu'une supposition, dit Mazarin dont l'accent devenait plus timide à mesure que celui de la mère de Louis XIV prenait plus d'énergie.

— Une supposition! Dis plutôt, misérable, que tu viens de me révéler ta pensée toute entière et de trahir tes projets ambitieux! cria la reine avec un éclat de voix terrible.

Marie sanglotait; des soupirs étouffés soulevaient sa poitrine.

— Du calme, au nom du ciel! murmurai-je, ou nous sommes perdues.

— Madame, dit le cardinal, daignez parler moins haut: près d'ici, dans les antichambres ou dans les galeries voisines, on vous entend peut-être...

— Eh! que m'importe? ai-je des ménagements à garder? reprit Anne d'Autriche avec une ironie sanglante. Est-ce que jamais vous avez été dans mes mains autre chose qu'un instrument ? J'ai conservé la popularité pour moi, monsieur, et je vous ai laissé la haine. Qui de nous est le plus habile, je vous prie ?

— Assez, dit Mazarin ; de grâce, apaisez-vous et laissons ces discours.

— Vous allez écrire à don Louis de Haro, monsieur ! vous allez lui demander une entrevue à l'île des Faisans pour traiter des conclusions du mariage.

— Mais il me semble, objecta le ministre, que le consentement de Sa Majesté...

— Est inutile pour une première conférence, interrompit Anne d'Autriche.

— Cependant...

— Écrivez, vous dis-je, sur-le-champ, sans retard... je vous l'ordonne, moi, la reine !

— J'obéis, murmura Mazarin.

— A la bonne heure.

— Toutefois je vous prie de vouloir bien dire au roi...

— Je lui dirai, monsieur le cardinal, que si jamais il commettait l'indignité dont, il n'y a qu'un instant, vous le supposiez capable, je me mettrais avec mon second fils à la tête de toute la nation contre le roi et contre vous !

A ces foudroyantes paroles, qui achevaient d'écraser ses espérances, Marie Mancini posa la main sur son cœur. Puis, jetant un cri, elle tomba à deux genoux sur le parquet (1). Je perdis alors complétement la tête et je m'em-

---

(1) Certains auteurs du temps prétendent que le roi survint au milieu de cette conversation, et que le cardinal, se précipitant aux

pressai de fuir, laissant là nièce du ministre à son triste sort, et préoccupée d'une pensée, d'une seule : c'est que je n'éviterais pas, cette fois, les *Repenties* pour le reste de mes jours, si j'étais aperçue du ministre et de la régente. Comment, au milieu de l'obscurité, pus-je réussir à traverser de nouveau les appartements que nous avions parcourus? Le hasard me vint en aide, ou plutôt ce fut la Providence, qui savait, en fin de compte, que le cloître n'était nullement dans mes goûts.

Je passai une nuit cruelle.

Qu'est-il arrivé au Louvre après ma fuite? Il est impossible qu'Anne d'Autriche et Mazarin n'aient pas entendu le cri de désespoir de la jeune fille. On l'aura surprise en flagrant délit d'espionnage. Alors qu'a-t-elle pu répondre, la pauvre enfant? M'a-t-elle nommée? Je ne la croyais pas capable de cette indélicatesse ; mais, dans un trouble pareil, on s'oublie, on divague, on se perd et on perd les autres.

Je m'excitai si bien l'imagination avec ces pressentiments, que, le jour venu, le moindre bruit me donnait des battements de cœur. Il me semblait, à chaque minute, entendre le pas des exempts dans mon antichambre. Vers onze heures, j'eus l'idée d'envoyer chez madame de Choisy. Je n'osai moi-même aller au Louvre. Comme je terminais une lettre, où je suppliais la comtesse de prendre adroitement des informations et de savoir si j'étais compromise,

---

genoux de Leurs Maestés, supplia Louis XIV d'épouser sa nièce, et la reine de le souffrir. Nous ne croyons pas que Mazarin, malgré son caractère sans dignité, ait pu descendre à une telle bassesse.

(*Note des Éditeurs.*)

un carrosse entra dans la cour. Le battement de cœur me reprit aussitôt. Je m'approchai de la fenêtre. Deux femmes descendirent de voiture; c'était la dame d'honneur elle-même avec mademoiselle de Mancini.

Une exclamation s'échappa de mon sein. Je courus précipitamment à leur rencontre.

— Oh! parlez vite! qu'y a-t-il? m'écriai-je.

— Il y a, me répondit la comtesse, que notre pauvre Marie entre, ce matin, aux *Filles du Calvaire*, un couvent fort triste, où Anne d'Autriche lui ordonne une retraite d'un mois.

La nièce du cardinal courut se jeter dans mes bras et se mit à éclater en sanglots.

— Chère petite! lui dis-je... ah! je vous ai bien cruellement abandonnée hier au soir. Mais je me serais perdue sans vous tirer d'affaire.

— Hélas! s'écria-t-elle au milieu de ses pleurs, si vous saviez comme elle m'a traitée!

— C'est un tort; car chez vous, Marie, l'ambition se taisait et le cœur parlait seul. Vous n'avez pas prononcé mon nom? ajoutai-je, presque honteuse de m'occuper de moi en présence de son chagrin.

Elle me répondit par un signe de tête négatif. Je la fis asseoir sur un fauteuil et je dis à voix basse à la comtesse:

— Le roi ne sait donc pas qu'on l'enferme au couvent?

— Pardonnez-moi, ma chère, Sa Majesté vient, il y a une heure, de lui faire ses adieux.

— Il a dû lui témoigner de vifs regrets?

— Oui, pour la forme.

« — Croyez bien, Marie, a murmuré Louis XIV à l'oreille

de sa maîtresse éplorée, que, si le roi vous quitte, l'homme ne cessera jamais de penser à vous.

— Touchante et flatteuse consolation.

— Puis il est parti tranquillement ensuite, avec ses courtisans et ses valets de chiens, pour aller chasser dans les bois de Chambord.

— Et vous croyez qu'il a du cœur?

— Je n'ai jamais dit cela, répliqua vivement la comtesse; je suis bien sûre, au contraire, qu'il n'aimera jamais personne que lui.

La triste reine manquée me fit ses adieux avec un redoublement de larmes et de sanglots. Mazarin lui-même avait prié madame de Choisy de la conduire au couvent, qui se trouvait dans mon voisinage. Ces dames, en passant, étaient entrées chez moi.

La nièce du cardinal ne quitta sa retraite qu'au bout de six semaines, pour aller épouser le connétable de Naples, avec lequel il lui fut impossible de vivre. Elle revint à Paris en fugitive, l'année suivante, espérant être bien reçue de Louis XIV; mais le roi, malgré sa belle promesse d'éternel souvenir, avait entièrement oublié la pauvre fille, ou plutôt il ne se souciait plus de cette naïve intrigue de son adolescence. Il donna lui-même l'ordre d'enfermer, pour la seconde fois, au cloître Marie Mancini ! O l'histoire des amours !

Cette suite de pénibles circonstances me fit renoncer à mes visites au Louvre.

Je compris que les puissants du monde ont rarement une affection durable; ils regardent tout ce qui les entoure comme autant de jouets, qu'ils brisent au premier signe d'ennui ou de fatigue. Leur voisinage ressemble à celui des arbres élevés : on y est plus menacé de la foudre.

Mazarin lui-même en était une preuve frappante.

Je le plaignais presque, en songeant au nombre incalculable d'humiliations qu'il avait dû subir pour acheter sa faveur.

A partir de ce moment, le mariage de Louis XIV avec l'infante marcha grand train. Comme l'avait ordonné Anne d'Autriche, une première conférence eut lieu à l'*Ile des Faisans*. Puis toute la cour prit le chemin de la frontière d'Espagne, et je ne sais plus quel seigneur fut chargé d'épouser par procuration Marie-Thérèse à Fontarabie.

Cependant Louis XIV se trouvait à deux pas du lieu où l'on célébrait l'hyménée ; mais les rois se marient d'après les règles du cérémonial, qui n'ont pas avec celles du bon sens le moindre rapport.

Ceci avait lieu au mois de juin de l'année 1660.

La guerre finit en même temps avec l'Espagne. On se disait tout bas qu'une des clauses secrètes du traité des Pyrénées était le pardon de M. le prince.

Tout le monde fut ravi de cet arrangement, moi la première.

Condé, je l'ai dit plus haut, avait emmené avec lui chez les Espagnols M. de Fiesque, l'un de mes deux blessés de la Bastille, et j'appris avec douleur la mort du comte, tué en Catalogne par un éclat d'obus. Je ne pouvais moi-même aller interroger sa veuve pour savoir ce qu'était devenue ma fille ; mais j'envoyai deux personnes adroites la sonder à cet égard. Elle déclara qu'elle n'avait de ce fait aucune connaissance.

Insister devenait impossible. J'eus besoin, dans l'inquiétude où cette réponse me plongea, de me rappeler la promesse sacrée de Fiesque ; puis j'éloignai de mon esprit un souvenir qui ressemblait beaucoup à un remords.

Le 26 août, la jeune reine fit son entrée à Paris.

J'allai en grande société jusqu'à Grosbois au-devant du cortége, et je pus voir Marie-Thérèse au moment où elle passait devant l'abbaye des Camaldules.

On ne pouvait dire qu'elle était jolie; mais, pour une Espagnole, elle avait une blancheur de peau surprenante. Parée du manteau royal de velours violet, semé de fleurs de lis d'or, et vêtue par-dessous d'une robe blanche de brocart, au-devant de laquelle tombait une magnifique rivière d'émeraudes, elle produisit sur la multitude un grand effet de prestige. On trouvait surtout qu'elle portait merveilleusement bien la couronne.

Dieu me préserve de décrire ici le cortége, qui fut trois heures entières à défiler ; cela m'obligerait à faire mention d'une quantité de personnages, tous mieux en cour à cette époque les uns que les autres, mais dont la plupart sont oubliés aujourd'hui. Seulement je profiterai de l'occasion pour dépeindre, en quelques mots, les costumes qui étaient de mode, et donner un aperçu des mœurs de Paris au commencement de ce règne.

Les hommes avaient la perruque longue, descendant jusqu'aux épaules en boucles désordonnées. Ils se coiffaient d'un petit chapeau rond, à basse forme et à bords très-amples, toujours garni d'une grande plume qui retombait indifféremment à droite ou à gauche. Leur justaucorps ne dépassait pas la ceinture ; ils y rattachaient le haut-de-chausses avec des rubans. Chez les uns, ce haut-de-chausses, en étoffe de soie bouffante, n'allait que jusqu'à mi-cuisse; chez les autres, il était tout d'une venue et ne s'arrêtait qu'aux genoux. Ils avaient avec cela des demi-bottes très-évasées. Un large baudrier en sautoir soutenait leur épée, qui touchait à terre, et un manteau appelé *balandran* couvrait le justaucorps et le baudrier.

Les femmes tressaient leurs cheveux et les fixaient derrière la tête. Quelques touffes bouclées bavolaient de chaque côté des tempes et accompagnaient avantageusement le visage. Elles jetaient par-dessus un escoffion, dont les pointes flottaient sur leurs épaules ou se nouaient sous le cou. Leur robe à larges manches et à long corsage se retroussait des deux côtés, et laissait voir un jupon garni de broderies ou de dentelles

Presque toutes portaient le masque en velours noir, doublé de satin blanc.

Ce masque se ployait au besoin comme un portefeuille et n'avait point de ligature. On le maintenait au moyen d'une petite verge en fil d'archal, terminée par un bouton de verre, qui se plaçait dans la bouche et servait à déguiser le son de la voix.

Mais toutes les femmes ne se mettaient pas d'une manière aussi décente.

La tenue de beaucoup de bourgeoises était vraiment scandaleuse. Elles allaient dans les promenades, dans les cercles, au bal, à la messe, au confessional et même à la communion, avec les bras, les épaules et la gorge entièrement nus, de sorte que les hommes dévots se plaignaient amèrement de ne pas trouver, même à l'église, un abri contre la tentation.

Cette rage de se décolleter alla si loin, que le sieur Gardeau, curé de Saint-Étienne, se mit à crier un dimanche au prône :

— Eh! mesdames, pourquoi ne pas mieux vous couvrir en notre présence? Ne sommes-nous pas de chair et d'os comme les autres hommes? C'est un grand péché, savez-vous, que d'exposer vos pasteurs à tomber dans le crime par la vue de vos *tymbales*.

Il va sans dire que le mot fut recueilli. Les *tymbales* du curé Gardeau passèrent en proverbe.

Encore si ces dames eussent borné là leur dévergondage; mais on les voyait sortir à toute heure, et le plus souvent sans leurs époux. Du reste, la présence de ces derniers ne gênait en rien les intrigues amoureuses. Le baiser passait pour une simple civilité; l'adultère se considérait comme une galanterie. Un mari jaloux, une épouse fidèle, une fille chaste, étaient trois choses qu'on pouvait rencontrer isolément peut-être en cherchant bien ; mais à coup sûr elles ne se trouvaient jamais réunies dans une même famille.

Disons, en outre, que les petits chiens étaient fort à la mode. On les caressait avec une tendresse extrême, surtout ceux qui avaient le museau pointu et les oreilles coupées.

A la passion des carlins et des levrettes ces gentilles personnes joignaient l'habitude de priser et de fumer, ce qui accrut tellement la consommation du tabac, que M. Colbert, en bon administrateur, se hâta de lui imposer une surtaxe de trente sous par livre.

Quant à l'obéissance aux maris, point n'en était question.

La plupart de ces femmes écrivaient et faisaient des livres ; les plus pieuses consolaient les chagrins du cœur, et les plus sobres mangeaient par jour autant de fois que les musulmans prient.

Déjà l'aspect de la ville, grâce à l'accroissement de la population, offrait ce tohu-bohu curieux qui, depuis, s'est accru encore. On eût dit que les maisons avaient fait la gageure de grimper les unes par-dessus les autres, tant elles se pressaient et s'entassaient dans tous les quartiers. On les voyait envahir jusqu'aux points de la rivière, et avec cela beaucoup d'habitants logeaient encore sur les toits.

Dans les rues, les voitures de place faisaient un vacarme épouvantable.

Ces voitures étaient délabrées et couvertes de boue ; les chevaux qui les tiraient n'avaient que les os et mangeaient en marchant.

Pour les cochers, tous gens brutaux, enroués, querelleurs, ils faisaient un claquement continuel de leur fouet, qui, s'unissant au bruit des roues, au son des cloches, aux cris des marchands d'herbe, de laitage et de marée, augmentait tellement le tintamarre, qu'on eût cru toutes les furies déchaînées et qu'on y regardait à deux fois avant de se convaincre qu'on n'était pas en enfer (1).

(1) Si mademoiselle de Lenclos vivait de nos jours, que dirait-elle ? (*Note des Éditeurs.*)

Ajoutez à cela qu'on jetait toutes les immondices par la chaussée. Soleil ou pluie, c'était une boue perpétuelle, ce qui n'empêchait pas les femmes d'aller en mules de velours, ni les laquais ni les pages de se vêtir d'écarlate. L'or et l'argent brillaient sur tous les habits.

La ville ressemblait à une immense auberge. A droite, à gauche, par devant et par derrière, on ne voyait que tables d'hôte, cabarets, tavernes et taverniers. Les cuisines fumaient à toute heure, parce qu'on mangeait à toute heure. Il eût déjà suffi de détruire Paris pour peupler et nourrir trois cents villes désertes.

Si les mœurs de la bourgeoisie étaient corrompues, il va sans dire qu'il fallait chercher de bas en haut la source de cette corruption. La noblesse et le clergé donnaient l'exemple de tous les vices, de toutes les bassesses, de toutes les débauches. Meurtres de sang-froid, vols effrontés sans besoin, envies étranges sans sujet, trahisons sans ressentiment, avarices insatiables, lâchetés décorées du nom de grandeur d'âme et désespoirs stupides au milieu du bonheur, voilà ce qu'on rencontrait à chaque pas à la cour.

Pour gouverner plus sûrement, le cardinal-ministre lâchait la bride aux passions les plus effrenées, surtout à la passion du jeu. On jouait nuit et jour, sans cesse, en tous lieux, et l'on ne se gênait en aucune sorte pour *piper* même au tapis vert du roi.

Les femmes ne se montraient pas là-dessus plus scrupuleuses que les hommes, voir celles qui faisaient parade de dévotion. Seulement, à la fin du jeu, ces pieuses harpies prononçaient une formule, par laquelle on se faisait un don réciproque de ce qui, dans le cours de la partie, aurait pu ne pas être légitimement gagné : petite manière de frauder Dieu aussi subtile que remarquable. On pouvait voler de cette façon plusieurs milliers de louis en toute conscience, et sans même avoir besoin de demander à son confesseur l'absolution du fait.

Ce fut par ce moyen plein de délicatesse et d'habileté que la baronne de Savoie et la marquise de Créquy s'amassèrent chacune vingt-cinq mille écus de rente.

La tolérance allait plus loin encore.

Des bandits que nous ferions chasser de nos antichambres jouissaient de l'impunité la plus complète. Ainsi les Pomenars, les Falari, les Charnacé, convaincus de crimes ignominieux, tels que le vol à main armée sur les grandes routes et la fausse monnaie, n'en étaient pas moins admis dans les sociétés les plus hautes et dans les cercles les plus en vogue, grâce à un nom connu et à un cynisme plaisant.

Qu'on me pardonne d'être entrée dans tous ces détails.

Mais j'ai voulu faire un peu connaître les gens qui ont osé parfois me jeter le blâme, et au-dessus desquels je me place de moi-même dans ma propre estime et dans l'estime publique.

II

Vers le commencement de l'année 1661, Monsieur, frère du roi, épousa Henriette d'Angleterre (1), aimable et gracieuse personne qui, après avoir fait dix ans les délices de la cour, devait avoir une fin si tragique et si imprévue.

Ayant une fois renoncé à mes visites au Louvre, je repris mes anciennes habitudes, ma vie paisible, ma chère philosophie épicurienne.

Saint-Évremond s'occupa de réunir nos amis dispersés. Il me ramena Marsillac, éternellement amoureux de sa belle duchesse et comptant la voir bientôt rentrer en faveur, ainsi que le grand Condé.

Gui-Patin nous égaya par son esprit toujours vif et ses piquantes anecdotes.

Vassé, Briolle, d'Elbène, Duras, me jurèrent que les années me prêtaient de nouveaux charmes.

La Châtre m'eût fait signer de bon cœur un second billet.

Villarceaux me rappela nos douces folies, et Corneille, qui vint m'apporter *OEdipe*, reçut sa récompense ordinaire,

---

(1) Fille de Charles Ier et de la reine Henriette.

(*Note de Mademoiselle de Lenclos.*)

bien que cette pièce fût loin de valoir *le Cid.* J'envoyai chercher Molière, et je fis embrasser mes deux grands hommes.

— Ah! je vous ai devinés l'un et l'autre, leur dis-je; c'est mon plus beau titre de gloire!

Corneille voulut aller applaudir son jeune émule de Picpus. La foule courait alors au théâtre de Molière, et la salle du petit-Bourbon se trouva bientôt trop étroite. On permit à Jean-Baptiste d'en ouvrir une plus grande au Palais-Royal même, où nous allâmes voir *l'École des maris.* Mon poëte de Rouen ne se lassait pas d'admirer cet homme prodigieux, qui écrivait en beaux vers des pièces admirables, et les jouait lui-même avec un talent supérieur.

Molière et Corneille étaient les principaux diamants de mon écrin littéraire. A côté d'eux, toutefois, brillaient encore de quelque éclat d'autres célébrités de la plume.

Voiture était mort.

Mais j'avais M. Despréaux, qui excellait dans la satire;

Segrais, le poëte favori de Mademoiselle;

L'abbé Godeau, devenu, comme on le sait, évêque de *Grasse,* pour avoir fait une paraphrase du *Benedicite;*

Jean-Louis Faucon de Ris, seigneur de Charleval, qui traduisit en vers français les odes d'Horace et chanta mes *Oiseaux des Tournelles.* Il fut un des plus aimés.

Enfin je recevais le père Lemoyne, qui avait beaucoup plus d'amour-propre que de talent. Il essaya de nous lire, un soir, son poëme épique de *Saint-Louis,* en dix-huit chants; nous étions tous endormis au premier.

Je ne parle pas de M. Racine, fort jeune alors. Boileau

nous l'amenait quelquefois et le proclamait son élève en poésie.

N'oublions pas maître Adam, le fameux menuisier de Nevers, alors à Paris pour l'impression de ses œuvres. Jean-Baptiste l'appelait en riant le *Virgile au rabot*.

Chapelle, esprit aisé, correct, mais ivrogne au delà de tout ce qu'on peut dire, me présenta son ami Bachaumont. Ils nous lurent leur *Voyage*, qui nous tint parfaitement éveillés jusqu'au bout. A cette lecture assistait par hasard notre bon la Fontaine, que madame de la Sablière, l'égoïste, avait accaparé pour elle seule et ne nous permettait de voir qu'à de très-rares intervalles. Il vécut dix-neuf ans chez elle, à écrire ses fables, multitude inouïe de petits chefs-d'œuvre, pleins de finesse et de naïveté, que nos descendants, à notre exemple, apprendront par cœur.

J'eus l'avantage, à cette même époque, de me lier avec madame de La Fayette, célèbre par ses romans de *Zaïde* et de *la Princesse de Clèves*.

Bientôt madame des Houlières, qui n'avait pas encore composé sa charmante idylle des *Moutons*, mais que des œuvres de mérite faisaient déjà surnommer la *Calliope française*, augmenta les illustrations de mon cercle, et, chose bizarre, ce fut l'auteur des *Précieuses* lui-même qui me réconcilia avec la duchesse de Montausier, notre ancienne et gracieuse Julie de Rambouillet, dont nous avions traîtreusement désorganisé la cour.

Il manquait à ma réunion Magdeleine de Scudéri. Moins indulgente que la duchesse, elle ne me pardonnait pas d'avoir jeté le trouble et le désordre dans son doux *pays de Tendre*.

Je ne recevais pas non plus madame de Sévigné. Celle-ci m'en voulait pour un motif dont j'aurai plus tard à donner l'explication.

Enfin j'eus la douleur de voir disparaître de mes assemblées le grand poëte Chapelain, sous le nez duquel Boileau se mit à déclamer un jour :

> Maudit soit l'auteur dur, dont l'âpre et rude verve,
> Son cerveau tenaillant, rima malgré Minerve.

On sait le reste.

Je crois que le malin auteur satirique aurait débité tout le morceau, si le père de la *Pucelle* n'eût pris son feutre crasseux pour décamper au plus vite. Il ne reparut plus.

Malgré ces trois absences, on peut voir que j'étais assez noblement entourée. Du reste, n'était pas admis qui voulait parmi tous ces gens illustres, que je regardais à juste titre comme l'honneur de ma maison. J'ouvrais régulièrement mon cercle le lundi et le vendredi de chaque semaine. Le mercredi, je continuais d'aller chez Scarron. J'y attirais une partie de ma société, qui ne s'y ennuyait pas trop, grâce aux beaux yeux de Françoise, aux saillies du poëte cul-de-jatte, et même aux plaisanteries de ce vaurien de d'Aubigné.

On le recevait là forcément.

Il s'invitait à dîner presque tous les jours et soutirait à sa sœur, écu par écu, d'assez fortes sommes.

C'était un fou à lier, un panier percé du premier ordre; mais il me parut bon homme au fond. La ruine de sa famille l'avait déplacé, comme Françoise. S'il prenait, faute d'éducation, des manières détestables, on devait du moins lui rendre cette justice qu'il conservait l'honnêteté dans sa dégradation même.

Quant au maître du logis, il ne bougeait pas de son fauteuil. Ainsi qu'il me l'avait autrefois déclaré, le pauvre homme ne conservait plus guère que la langue de libre ; mais il usait largement de cette liberté. Je n'ai jamais vu de malade plus comique et plus amusant. Scarron se plaignit à moi de ce que sa femme le soignait trop bien et l'empêchait de manger à sa fantaisie.

— N'a-t-elle pas raison? lui dis-je. Retenu comme vous l'êtes et dans l'impossibilité de prendre aucun exercice, vous seriez capable de vous faire mourir d'indigestion, mon pauvre ami.

— Ah! me répondit-il, une bien belle mort!

— Sans doute ; mais nous aimons mieux vous laisser jeûner un peu, afin de vous conserver plus longtemps.

— Ce n'est pas tout, continua Scarron, Françoise ne sort jamais ; elle ne prend aucun plaisir. Je viens de lui dicter *le Roman Comique*. Voici tantôt deux mois qu'elle passe à le recopier de sa belle main, sans compter les huit premiers chants de *l'Énéide travestie*, qu'elle veut à toute force également remettre au net. Elle se tue, voyez comme elle est pâle ! Je vous en prie, ma chère Ninon, venez la chercher de temps à autre, et qu'elle se divertisse avec vous.

— Ah! gourmand! m'écriai-je ; et, pendant notre absence, vous êtes capable de manger comme quatre?

— Non... là, sur l'honneur, je vous jure d'en rabattre de moitié.

Je me mis à rire, et j'eus la faiblesse de lui promettre d'emmener sa femme; mais en recommandant toutefois à Nanon, leur servante, de prendre garde à la voracité du poëte.

On entrait dans le carnaval.

M. le surintendant, qui m'avait demandé permission de me rendre visite, était déjà venu plusieurs fois, aux heures où il pensait me rencontrer seule. D'abord je lui crus l'intention de me faire la cour; mais je m'aperçus bientôt qu'il n'en était rien. Franchement j'en fus bien aise. Les hommes qui recherchaient mon amitié recevaient toujours un meilleur accueil que ceux qui ambitionnaient mon amour.

Bientôt je m'aperçus qu'il désirait me prendre pour confidente.

Il avait une passion sérieuse au cœur.

L'objet de cette passion était la fille du maître d'hôtel de monseigneur le duc d'Orléans, jeune personne remplie de mérite et de grâces.

— Depuis deux mois, me dit-il, je ne néglige aucune occasion de gagner sa tendresse. Est-elle touchée de mes soins? je l'ignore. Avant de faire un pas décisif et de demander sa main, je voudrais que votre expérience en amour décidât si elle m'aime ou si elle ne m'aime pas.

— Oh! oh! monseigneur, vous me croyez donc beaucoup d'habileté dans ces sortes de choses?

— Excessivement, me dit-il avec un sourire où perçait un brin de malice, et je ne veux m'en rapporter qu'à vous.

Il me parla d'une nouvelle fête à sa terre de Vaux, où

presque toute la cour et toute la ville devaient assister en déguisement de carnaval. Mademoiselle de la Baume le Blanc de la Vallière était inscrite en tête de la liste des invités. Je promis au surintendant d'étudier à cette fête, autant qu'il serait en mon pouvoir, les véritables sentiments de sa maîtresse, et je lui demandai l'autorisation d'emmener avec moi une amie, ce qu'il m'accorda de grand cœur.

Le soir même, j'envoyai chercher madame Scarron, l'invitant à faire ses adieux pour trois jours à son mari; car, la fête ayant lieu le surlendemain, nous n'avions pas une heure à perdre pour préparer nos costumes.

Françoise, dans les choses de toilette, avait un goût exquis; je n'en manquais pas non plus, et ces costumes furent délicieux.

Je passai une robe de satin gris de perle, chamarrée de dentelles d'argent, avec des passe-poils roses. Un tablier de velours noir, garni de dentelles d'or et un joli chaperon tout orné de plumes couleur de flamme, complétaient mon déguisement.

Mon amie s'habilla en pastourelle normande.

Sous sa robe de toile jaune, elle avait des manchettes de passement de Venise; sa collerette était en point de Flandre. Il fallut à toute force lui prêter mes diamants pour attacher à sa houlette. Je la trouvais adorable, elle me dit que j'étais ravissante. Nous partîmes en carrosse de louage, et nous arrivâmes à Vaux juste pour le dîner.

On ne devait commencer le ballet qu'à sept heures.

Le fameux jardinier le Nôtre, qui venait d'achever alors les magnifiques jardins des Tuileries et de Versailles, avait été chargé par le surintendant d'organiser dans le parc une salle de bal, au milieu de l'hiver. C'était un tour de force très-difficile à accomplir; mais le Nôtre ne connaissait pas d'obstacle. Il fit dresser une tente immense, sous laquelle il dessina des bosquets d'orangers, et qu'il orna d'une myriade d'arbustes fleuris. Toutes les serres de Vaux furent dépeuplées pour décorer la salle de danse. Quand les invités arrivèrent et remplirent ce paradis terrestre, ce fut un coup d'œil merveilleux.

L'éclat des costumes rivalisait avec l'éclat des fleurs.

M. le duc de Roquelaure était en arlequin; il avait une batte d'or flexible, des souliers garnis d'escarboucles et un bonnet tout couvert d'émeraudes. M. le comte de Guiche s'était déguisé en moissonneur, M. de Villeroy en Turc et M. de la Meilleraie en Helvétien.

Pour les dames, elles formaient un éblouissant tourbillon de velours, de plumes et de pierreries.

Je cherchais au milieu de cette foule de masques quelques visages de connaissance, lorsqu'un « Comment vous portez-vous, ma divine? » prononcé avec un ignoble accent gascon, me fit tourner la tête. Dans celui qui m'interpellait de la sorte, je reconnus M. le marquis de Montespan, stupide individu que j'avais eu l'honneur de rencontrer pour la première fois chez madame de Choisy. Il affichait, d'une manière assez ouverte, la prétention d'arriver à mes bonnes grâces; mais il gasconnait beaucoup trop pour que j'eusse le moindre désir de l'enlever à sa fiancée, mademoiselle Athénaïs de Mortemart, jeune coquette de la plus belle espérance.

Rempli de présomption et de fatuité, Montespan joignait

à ces deux défauts une sottise poussée à l'extrême. Je n'étais donc pas très-flattée de la rencontre, et j'allais aviser à un moyen de me débarrasser du personnage, lorsque M. Fouquet me le fournit presque aussitôt en venant interrompre l'entretien.

Il nous entraîna sans façon, laissant le marquis au milieu d'une phrase.

J'aurais dû commencer par dire que, dès notre arrivée, le maître du château, me désignant du regard une charmante bergère du Lignon, avait murmuré tout bas :

— C'est elle ! Observez !

Mademoiselle Louise de la Baume était venue avec sa mère. Sa contenance timide et modeste me plut tout d'abord. Elle avait de grands yeux rêveurs, une coupe de figure très-fine et une bouche dont le sourire trahissait les plus belles dents. Quand elle se leva de table pour gagner la salle de danse avec tout le reste des convives, je m'aperçus qu'elle était boiteuse; mais, chose singulière, cela devenait chez elle une grâce de plus et ne l'empêchait pas de danser comme un ange.

Pendant le dîner, M. le surintendant s'était beaucoup occupé de Louise. Elle m'avait paru très-indifférente et même un peu ennuyée de ses politesses.

Toutefois son grand œil noir ne pouvait appartenir à une personne naturellement froide.

Au moment où l'amphytryon venait de nous rejoindre et me demandait si j'avais déjà fait quelques remarques, j'aperçus mademoiselle de la Vallière qui dansait vis-à-vis d'un masque vêtu tout simplement en vieillard, avec une robe de chambre. Ce masque lui parlait bas dans les intervalles de repos du ballet. En l'écoutant, Louise n'avait plus son air glacial du dîner. Sa poitrine palpitait, ses yeux étaient humides de joie ; en un mot, je voyais chez elle une transformation complète.

Dès lors, j'eus la certitude que, si elle aimait quelqu'un, c'était moins le surintendant que le masque vieillard. Mais je n'eus garde, comme on le pense, d'exprimer à notre hôte cette opinion fatale à ses espérances.

— A une première vue, monseigneur, lui dis-je, il est vraiment impossible d'asseoir aucun jugement.

— Enfin, demanda-t-il, croyez-vous que je doive me déclarer et faire une tentative sur son cœur?

— Gardez-vous-en bien! lui dit tout à coup une voix à son oreille : Louise de la Vallière est aimée du roi.

Fouquet tressaillit et devint très-pâle.

Le masque qui avait jeté ces paroles à la volée s'éclipsait dans la foule, lorsque le surintendant courut après et le ramena.

— Tu nous affirmes que le roi l'aime, dit-il : eh bien, il faut m'en donner la preuve sur-le-champ.

— La meilleure preuve que je puisse vous donner, répondit l'inconnu, est de vous montrer qui je suis.

Aussitôt il se découvrit la figure.

C'était le Nôtre, l'organisateur de la fête.

— Mais alors le roi est au bal peut-être? demanda Fouquet, dont la pâleur augmentait d'une manière effrayante.

— Oui, monseigneur. C'est un véritable service que de vous prévenir de sa présence.

— Il est ici! murmura le surintendant avec rage. Où est-il? montre-le-moi.

Le Nôtre m'indiqua du coin de l'œil le masque en robe de chambre qui dansait avec mademoiselle de la Vallière.

— Et crois-tu qu'elle réponde à son amour?

— C'est une chose à peu près certaine, dit le jardinier.

Le malheureux surintendant avait les yeux hagards; tous ses membres frémissaient de colère. Il nous quitta brusquement et se perdit dans le tourbillon des danseurs.

— Grand Dieu! pourvu qu'il ne fasse point d'esclandre! dis-je en me penchant à l'oreille de le Nôtre.

— Soyez sans crainte. Je me suis empressé de l'avertir, persuadé qu'il se compromettait davantage en restant dans l'ignorance. On ne se heurte pas impunément à l'orgueil du roi. Monseigneur le sait. Voudra-t-il exposer sa fortune pour un caprice?

Je me nommai au célèbre jardinier.

Il m'offrit le bras le plus galamment du monde, ainsi qu'à ma compagne, et nous raconta où avait commencé l'intrigue de Louis XIV avec mademoiselle de la Vallière.

C'était au dernier bal du Louvre. Les salons, comme la tente de Vaux, se trouvaient ornés d'arbustes en fleurs, et le roi, voyant Louise arrêtée devant un superbe rosier de Hollande, avait profité de sa contemplation pour lui glisser les premières paroles de tendresse. Il chargea son jardinier de porter, le lendemain, chez madame de la Vallière, le rosier qu'elle avait tant admiré la veille.

Louise habitait le Palais-Royal, comme fille d'honneur de madame Henriette.

— J'étais furieux, nous dit le Nôtre, car je me séparais de mon enfant le plus cher, de celui que je cultivais avec le plus d'amour, et qui pouvait vivre cinquante ans, en ne lui laissant produire qu'une rose par saison. La peste soit des maîtresses auxquelles le roi donne mes fleurs.

— Mais il n'aime donc plus sa femme, le roi?

— Non, vraiment; il l'a aimée six semaines : c'est énorme pour lui.

Le Nôtre n'était pas le seul qui fût informé de la présence du maître chez Fouquet. Au bout d'un quart d'heure, le masque en robe de chambre, voyant la foule se rassembler et chuchoter dans son voisinage, quitta tout à coup la tente. On ne le revit plus.

Quelques minutes après, la demoiselle d'honneur de la duchesse d'Orléans disparaissait à son tour avec madame de la Baume, dont la complaisance ne me parut pas d'une entière édification.

M. le surintendant vint nous rejoindre.

— C'était bien lui! nous dit-il avec un accent de fureur : je me suis approché, j'ai reconnu sa voix... Oh! je saurai mettre un terme à ses indignes tentatives! Il n'aura pas Louise, il ne l'aura pas.

Je lui donnai, ainsi que le Nôtre, tous les conseils possibles de circonspection et de prudence; mais je vis bien qu'il ne les suivrait pas.

Je me suis étendu sur cette fête de Vaux, et je dois plus tard entrer dans quelques détails, capables, selon moi, de donner enfin l'explication d'une énigme dont peu de personnes ont su trouver le mot : je parle de la disgrâce imprévue, terrible, de M. le surintendant, coup de foudre qui a retenti par toute la terre. L'orage s'est formé sous mes yeux.

On ne cessa de danser jusqu'au jour.

Notre carrosse nous avait attendues; à dix heures du matin, nous étions rentrées à Paris. Je voulus reconduire Françoise chez elle. Nous rencontrâmes dans l'escalier sa servante, qui s'arrachait les cheveux et jetait les hauts cris.

— Eh! bon Dieu! qu'as-tu donc, ma pauvre fille? dis-je en l'arrêtant

Nanon passait près de nous sans nous reconnaître, à cause de nos costumes.

Saisie d'un pressentiment funeste, déjà madame Scarron s'était élancée vers le petit logement qu'ils occupaient au quatrième étage.

— Ah! me dit la domestique en joignant les mains, il se meurt, mademoiselle, il se meurt!

— Qui donc? parle.

— Mon pauvre maître.

— Bonté divine! et comment cela?

— Figurez-vous qu'il a mangé deux pâtés tout entiers, avec une oie de Strasbourg.

— Malheureuse! tu n'as donc pas tenu compte de mes recommandations.

— Pardonnez-moi.

— Je t'avais défendu de lui laisser faire aucun excès.

— Sans doute, mais c'est un homme terrible. Aussitôt après votre départ, il m'a dit d'un petit air câlin :

» — Va, Nanon, va voir ton cousin, ma fille!

» Vous savez, mademoiselle, mon cousin Jean-Claude, marmiton en chef dans les cuisines de M. le grand prieur? Il me donne en même temps une lettre à porter à son chenapan de beau-frère. J'y cours, et je vais ensuite avec Jean-Claude passer ma soirée chez Tabarin. Mais, en rentrant le soir, que vois-je? la table mise, sept bouteilles vides, des os de volaille, le frère de madame sous la table, et M. Scarron dans son fauteuil à roulettes, blanc comme un linge, et avec un hoquet, mademoiselle... ah! quel hoquet!... Cela fait frémir. Toute la nuit, sans trêve ni cesse... Et l'autre ivrogne qui ronflait! J'ai cru que je deviendrais folle.

En me débitant ce fatras, Nanon me retenait par la manche de ma robe, et m'empêchait de monter l'escalier aussi vite que je l'aurais voulu.

Nous arrivâmes dans la chambre du malheureux poëte. Il était alors couché sur son lit, sans connaissance. Françoise éperdue cherchait en vain à le ranimer. Dans un coin de la chambre, d'Aubigné, ivre mort, ronflait toujours.

— Un médecin! cria Françoise; au nom du ciel, courez chercher un médecin.

— J'y allais, dit Nanon; mais sans espoir d'en ramener un, car ils ne se dérangent pas à moins d'un écu, et monsieur a mangé les trente livres qui restaient, en achetant sept bouteilles de vin de Beaune, deux pâtés de Chartres et une oie de Strasbourg, qu'ils ont fait monter par le traiteur du coin.

— Mais va donc! va donc! criai-je, lui jetant ma bourse, que j'avais eu de la peine à trouver dans les poches de mon costume.

Vingt minutes après, elle nous ramena un grand escogriffe en robe noire, coiffé d'un chapeau pointu. Il tâta gravement le pouls de Scarron, secoua la tête et murmura:

— C'est un homme mort.

Françoise poussait des cris déchirants.

— Mais, monsieur, dis-je au médecin, vous vous trompez sans doute. Il y a des secours à donner, votre science doit les connaître.

— Non, me répondit-il en palpant de sa main sèche l'estomac du malade : obstruction complète des voies digestives, embarras du cerveau... L'antimoine même ne le sauverait pas.

— Vite ! vite ! criai-je à Nanon, prends le carrosse qui est en bas, et cours rue de l'Arbre-Sec chercher le docteur Gui-Patin.

— Gui-Patin ! l'ennemi déclaré de l'antimoine, notre fléau, celui des apothicaires ?... j'aimerais autant voir le diable, et je me sauve ! dit l'homme noir, se précipitant dans l'escalier sur les traces de Nanon.

J'étais moi-même tout en larmes et désespérée de notre impuissance.

Il me vint à l'esprit de prendre de l'eau dans un vase; j'en aspergeai le visage et les mains de Scarron. Un instant après, il ouvrit les yeux. Sa femme jeta un cri de joie.

— Françoise !... Ninon !... c'est vous, murmura-t-il... Ah ! quel délicieux souper !... Par malheur, il est probable... que je n'en recommencerai jamais un pareil... si ce n'est dans l'autre monde.

— Oh ! mon ami, tais-toi ! dit sa femme en l'embrassant : le docteur Gui-Patin va venir, il te sauvera.

— Gui-Patin !... oui, je le connais... un joyeux luron, qui a bec et ongles... Mais j'ai grand'peur... Allons, ce maudit hoquet recommence !... On ne meurt pourtant pas du hoquet?... ce serait à crever de rire... Ah! chienne d'oie! traître de pâté!... C'est égal, ils étaient excellents.

— Mon ami, je t'en conjure, ne parle pas! s'écria Françoise, dont les sanglots recommencèrent.

La poitrine du pauvre poëte se soulevait au milieu de convulsions violentes.

— Non... je ne parlerai plus... en prose s'entend... Ouf!... Diable soit du hoquet!... Voyons, ma femme, prends la plume. Ce n'est pas une indigestion de pâté qui m'étouffe, c'est une indigestion.. de rimes... Y es-tu?

— Mais, mon ami...

— Mais je veux rimer, morbleu.

Je fis signe à madame Scarron de céder à ce caprice, afin de ne pas empirer son état en lui donnant de l'humeur. Elle s'essuya les yeux et se mit en devoir d'écrire.

— Pauvre petite femme! chère mignonne! je te souhaite, après ma mort, un mari plus... alerte. Oh! ce docteur!... le temps me semble bien long.

— Voyez-vous, il souffre! il souffre! s'écria Françoise.

— Il est certain que je ne suis pas... sur un lit de roses. Quand pour l'homme il s'agit de plaisir, le char des heures est emporté par des coursiers rapides... Aïe! la gorge me brûle!... et, quand il s'agit de souffrance, il est traîné par... des chevaux de fiacre.

— O mon Dieu! Gui-Patin qui n'arrive pas! dit madame Scarron en se tordant les bras avec angoisse.

— Laisse donc, mignonne, il va venir... l'essentiel est de tuer le temps. J'ai dit que je rimerais, et je rimerai!... Voyons, sur quoi?... Sur vous, ma gentille Ninon, fit-il en me tendant sa main décharnée. Essuie tes larmes, petite femme, et... pour la dernière fois... donne-nous ta plus belle écriture.

Françoise sanglotant prit la plume.

Chose extraordinaire, au milieu de ce hoquet qui lui disloquait la poitrine et le faisait bondir sur son matelas, Scarron eut le courage de la plaisanterie, et dicta les vers suivants :

>Adieu, bien que ne soyez blonde,
>Fille dont parle tout le monde,
>Charmant objet, belle Ninon!
>La maîtresse d'Agamemnon
>N'eut jamais rien de comparable
>A tout ce qui vous rend aimable;
>Elle était sans voix et sans luth,
>Et mit pourtant les Grecs en rut
>De si furieuse manière,
>Que, ma foi, ne s'en fallut guère
>Que tout leur camp n'en fût gâté
>Par messire Hector irrité.
>Tant est vrai que fille trop belle
>N'engendre jamais que querelle.
>De peur qu'il n'en arrive autant,
>Tâchez de n'en blesser pas tant,
>Et commandez à vos œillades
>De faire un peu moins de malades.

— Hein ?... qu'en dites-vous? Ils sont..., détestables. N'importe, j'ai rimé, morbleu! j'ai rimé sur mon lit de mort... car... j'essayerais en vain de me le dissimuler... je... je meurs.

Un dernier hoquet imprima à tous ses membres un soubresaut terrible; puis il retomba sans mouvement. Nous nous approchâmes terrifiées.

Scarron n'était plus.

J'essayais d'entraîner Françoise, dont les clameurs perçantes me fendaient l'âme, quand tout à coup une espèce de fantôme se dressa du fond de la chambre et s'approcha du lit en trébuchant. C'était d'Aubigné.

— Mort! balbutia-t-il en se penchant sur le cadavre. Il a tout mangé, moi j'ai tout bu : lequel était le plus sage ?... *De profundis.*

Il gagna la porte et disparut.

L'instant d'après, Gui-Patin entra; mais son art devenait inutile. Pauvre Scarron! il était écrit là-haut que sa mort serait burlesque comme sa vie. Il y a d'étranges destinées.

III

Gui-Patin me prit à l'écart et me dit :

— Vous savez qu'on vient de lancer une lettre de cachet contre Saint-Évremond?

Je le regardais fixement. Il avait l'air très-sérieux. D'ailleurs, s'il eût voulu rire, le moment et le lieu n'auraient pas été bien choisis.

— Sainte Vierge! pourquoi? m'écriai-je.

— Parce qu'il a fait des couplets satiriques sur la paix des Pyrénées et sur le mariage. Le roi est furieux. Il est temps que les amis de l'auteur l'expédient en Angleterre ou en Hollande, s'ils veulent lui épargner la Bastille pour le reste de ses jours.

J'étais atterrée de ce nouveau malheur. Mais comment abandonner madame Scarron ? Elle-même me pria d'aller m'occuper du salut de Marguerite.

— Hélas ? me dit-elle au milieu de ses sanglots, en me montrant le corps du malheureux poëte, nous ne pouvons plus rien pour lui ?

Je pensais que Saint-Évremond, traqué par les gens du roi, m'aurait envoyé quelque message rue des Tournelles pour m'apprendre le lieu où il se tenait caché : je ne me trompais pas. Deux mots écrits à la hâte me faisaient savoir qu'il avait cherché provisoirement un refuge chez le prieur des capucins du Roule.

Sachant qu'une ordonnance mettait ses biens en sequestre, j'allais prendre vingt mille livres chez mon notaire ; puis je courus aux capucins, et je forçai Marguerite de partir sans plus de retard pour le Havre avec cette somme.

Quinze jours après, il m'écrivit qu'il était en sûreté à Douvres. Grâce à moi, Sa Majesté n'eut pas la satisfaction de l'envoyer à la Bastille.

Il y eut bientôt un grand événement à la cour.

Le cardinal ne s'était jamais consolé de son humiliation chez Anne d'Autriche. Il tomba sérieusement malade. Se voyant sur le point de mourir, il fit appeler Louis XIV, et lui conseilla de porter dorénavant son sceptre. Ce fut là sa vengeance contre la reine mère. Anne d'Autriche y fut très-sensible, car elle adorait le pouvoir.

Mazarin mourut à Vincennes, où il s'était fait transporter, pour fuir un incendie qui éclata au Louvre, un soir de ballet.

Cet Italien ne fut regretté de personne.

On le tolérait depuis la Fronde, mais sans lui accorder la moindre affection. Chacun méprisait ce caractère ignoble, sans dignité, sans grandeur, tout pétri de bassesse et de ruse. On lui fit cette épitaphe :

>Ci-gît l'ennemi de la Fronde,
>Celui qui fourba tout le monde.
>Il fourba jusques au tombeau;
>Il fourba même le bourreau,
>Evitant une mort infâme.
>Il fourba le diable en ce point
>Qu'il pensait emporter son âme;
>Mais le fourbe n'en avait point.

J'aurais voulu recueillir chez moi madame Scarron. Elle préféra demeurer dans son petit logement, où tous nos amis continuèrent de la voir, et lui obtinrent, comme veuve du poëte, une pension de deux mille livres.

Du reste, elle se consola très-vite, ce dont je ne lui fais pas un reproche.

Si elle devait au pauvre cul-de-jatte beaucoup de reconnaissance, elle n'avait jamais eu en sa compagnie qu'une dose très-médiocre de plaisir.

Françoise s'acoquina bientôt à une certaine madame Arnoul, dont j'aurai souvent à parler dans la suite, et qui lui enseigna l'intrigue plutôt que la sagesse. Mais n'anticipons pas sur les événements.

Après le bal donné par M. Fouquet dans sa terre de Vaux, le jardinier le Nôtre vint me rendre quelques visites, et je l'invitai plusieurs fois à ma table. C'était un fort aimable convive, tout franchise et tout cœur. Il espérait que le surintendant, eu égard à la rivalité du roi, renoncerait à sa passion pour Louise de la Vallière. Mais, ou je me connaissais fort mal en hommes, ou j'étais sûre que cette rivalité même serait aux yeux de M. Fouquet une raison de plus d'entamer la lutte.

Effectivement le Nôtre, à quelques jours de là, vint m'apprendre des nouvelles terribles.

— Ah? mademoiselle, s'écria-t-il, vous aviez raison : le malheureux persiste dans son amour. Il a fait demander en cérémonie aux parents de Louise la main de leur fille. Nécessairement ils ont été flattés de cette proposition d'alliance, le père surtout, auquel on s'est bien gardé d'apprendre les poursuites de Sa Majesté. M. de la Baume a donc répondu au surintendant qu'il regardait ce mariage comme un grand honneur pour sa famille et pour lui.

— Jésus ! Et qu'a dit le roi ?

— Vous devinez sa colère ; mais comment en expliquer le véritable motif? Fouquet, décidé à chercher une retraite en Hollande avec sa femme, bravait le courroux royal. Encore ce matin, je l'ai vu pour le prier de mettre plus de circonspection et de ménagement, non dans l'intérêt du roi, mais dans son intérêt propre. Je le trouvai inflexible. Tout à coup, là, devant moi, on lui apporte une lettre. Il la décachète, en fait rapidement lecture, et tombe, comme foudroyé, sur un fauteuil.

— De qui donc était le message ?

— De Louise elle-même,

— Ah ! bon Dieu !

— Elle n'écrivait que ces deux lignes :

« Renoncez à moi, je ne suis plus digne d'être la femme d'un honnête homme. »

— C'est fort clair : elle a cédé au roi.

— Je le pense comme vous. Sur ces entrefaites, vingt personnes arrivent chez le surintendant. Il leur montre le fatal billet, donne un libre cours à sa rancune et se répand contre Louis XIV en invectives, bien méritées sans doute, mais d'une imprudence...

— Vous avez raison, d'une imprudence folle.

— Et à laquelle il n'y avait point de remède, car, une heure plus tard, le roi savait tout. Comminges, accompagné de trente soldats aux gardes, alla frapper à l'hôtel de la surintendance. Heureusement, averti par moi, Fouquet venait de prendre la fuite.

— Ainsi Louis XIV ose afficher sa rage jalouse?

— Non, certes, il est mieux conseillé que cela. Tous les ennemis du surintendant l'entourent. On accuse celui-ci de dilapidation des finances. Voilà, convenez-en, le moyen le plus sûr de le perdre et d'avoir gain de cause. Avec une accusation semblable, on fourre un homme à la Bastille et on l'enterre vivant, sans que personne ose se plaindre. C'est la bouteille à l'encre. Le peuple est toujours contre celui qui le fait payer.

— Oh! c'est infâme!

— Je ne dis pas le contraire ; mais à la cour toutes les infamies se commettent impunément. Les biens de Fouquet ont été frappés de confiscation ; sa ruine est certaine. Trop heureux encore si, dans ce naufrage, il sauve sa liberté.

Hélas! nous sûmes, deux jours après, que le surintendant, saisi par les gens du roi avant d'avoir pu gagner la frontière, venait d'être envoyé à Pignerol, d'où il ne devait plus sortir.

Il y mourut, après dix-neuf-ans de captivité.

Cette disgrâce occupa la France et l'Europe pendant six mois. Fouquet ne manquait pas d'ennemis, mais il avait des amis chaleureux qui prirent hardiment sa défense.

Une injustice de plus ne coûte guère. L'avocat Pellisson, qui devait au surintendant d'avoir été élevé à la charge de conseiller d'État, soutint son protecteur contre des attaques déloyales et fut sacrifié avec lui. Du fond de la Bastille, Pellisson écrivit des Mémoires où il démontre l'innocence de Fouquet de la manière la plus victorieuse. Quatre ans après, on le laissa libre, et le pauvre surintendant resta dans les fers.

Sa Majesté Louis XIV ne pardonna jamais une rivalité d'amour.

C'était la preuve d'un magnifique orgueil, mais d'un bien petit esprit. Déjà ce prince commençait à croire qu'entre Dieu et lui il n'existait qu'une médiocre différence.

Tout cela désorganisa quelque peu mon cercle; mes poëtes pleuraient le surintendant et chantaient ses malheurs. On parlait même d'une conspiration pour aller attaquer le château de Pignerol et délivrer le captif; mais rien ne réussit.

Voici l'occasion de dire quelques mots au sujet du fameux *Masque de fer*, sur lequel j'ai entendu raconter, pendant trente ans, des histoires si dénuées de vraisemblance. Le *Masque de fer* a fait trois apparitions, à des époques assez reculées l'une de l'autre. On l'a vu d'abord à Pignerol, puis vingt ans plus tard à l'île Sainte-Marguerite, et enfin à la Bastille vers les dernières années du siècle. Le jour où l'on s'entretint pour la première fois de ce fabuleux prisonnier, beaucoup de personnes affirmaient que c'était le surintendant. Lors de la seconde apparition, M. Fouquet venait de mourir ; par conséquent, ce ne pouvait être lui. On crut généralement alors que le mystère cachait le duc de Vermandois, bâtard de Louis XIV et de la Vallière, enfermé pour avoir donné un soufflet au grand Dauphin ; mais, en 1698, quand on retrouva le *Masque de fer* à la Bastille, M. de Vermandois était depuis longtemps rentré en grâce. Il fallut imaginer alors d'autres histoires, et Dieu sait qu'on ne s'en fit pas faute.

Tour à tour ce fut :

Le duc de Monmouth, frère de Jacques II, soustrait par la France au supplice, et qu'on n'avait aucun motif de retenir en prison ni de masquer, surtout lorsque son frère eut perdu le trône ;

Le comte Girolamo Lagni, enlevé de Turin pour avoir empêché de vendre cette ville à Louis XIV, et que M. de Lauzun vit mourir à Pignerol en 1684, preuve évidente que, treize ans plus tard, il ne pouvait être à la Bastille ;

Puis un fils de la reine Anne d'Autriche et de Buckingham, comme si Louis XIII, aidé de Richelieu, n'eût pas trouvé d'autre moyen de faire disparaître ce fruit de l'adultère.

Enfin la version qui trouva le plus de créance, tout simplement parce qu'elle était la plus absurde, fut celle-ci :

Lors de la naissance de Louis XIV, la reine, délivrée depuis un quart d'heure, aurait, dit-on, ressenti de nouveau les douleurs de l'enfantement et serait accouchée d'un second fils. Grand embarras. Que va-t-on faire? lequel de ces enfants sera l'aîné? Les uns disent que ce doit être le premier venu au monde; les autres soutiennent que ce doit être le second, comme ayant été conçu en premier lieu. Bref, pour trancher la difficulté et prévenir les malheurs dont une rivalité entre les deux frères pourrait un jour accabler le royaume, on fait disparaître un des rejetons royaux et l'on garde l'autre.

Mais l'enfant, élevé loin du Louvre, grandissait en même temps que Louis XIV et lui ressemblait d'une manière frappante.

Autre embarras. Il est très-possible qu'une indiscrétion vienne lui apprendre un jour sa naissance, et là-dessus on l'enferme, en lui appliquant un masque de fer, afin que personne ne puisse examiner ses traits.

L'inventeur de ce joli conte n'a pas réfléchi qu'il créait en même temps trois monstres de nature : Anne d'Autriche d'abord, qui aurait permis qu'on la séparât d'un de ses enfants; Louis XIII, le roi scrupuleux, le roi chrétien, dont la conscience, en supposant qu'on l'eût un instant égarée, se fût réveillée à coup sûr à sa dernière heure; et enfin Louis XIV, qu'on ne pouvait plus tromper, une fois établi dans sa toute puissance. Rien dans les lois divines et dans les lois humaines ne l'autorisait à laisser son frère dans un cachot.

Mais, en France, on aime le merveilleux, et l'on en fabrique à tout prix.

Le dernier gouverneur de la Bastille, homme très-respectable et entièrement digne de foi, m'a donné l'explication du *Masque de fer*, qui d'abord n'était pas de fer, mais de velours noir, comme tous les masques possibles.

Cette explication, la voici en deux mots. Lorsqu'on transférait un prisonnier d'importance d'une prison d'État dans une autre, et qu'on pouvait craindre, à tort ou à raison, quelque complot tramé pour briser sa chaîne, on lui couvrait toujours le visage d'un masque, afin qu'il fût impossible de le reconnaître.

Voilà donc le grand mystère dévoilé.

Je ris de bon cœur en songeant que la postérité s'occupera de toutes les sottises débitées à cet égard, et que des écrivains sérieux entre les mains desquels ces *Mémoires* ne tomberont pas consacreront leurs veilles à résoudre un aussi obscur problème (1).

A la fin de l'année 1662, mourut M. l'abbé Boisrobert, qui alla voir en l'autre monde s'il est permis de chanter vêpres avec une de mes jupes.

Depuis assez longtemps, ce me semble, je parle beaucoup des amours des autres : il ne faut pas en conclure que je n'en avais plus moi-même. J'étais alors tombée sur un homme si insupportable, que j'ai reculé jusqu'ici de

---

(1) De nos jours, le roman-feuilleton ne pouvait manquer d'exploiter cette mine féconde, et M. Alexandre Dumas trouve là-dessus une bien remarquable anecdote. Il fait enlever au Louvre, par d'Artagnan, je crois, le vrai Louis XIV, et le plonge sans aucune cérémonie dans les souterrains de la Bastille, pendant que le *Masque de fer* est installé sur le trône. La ressemblance, du reste, était si prodigieuse, que, personne, pas même la reine Marie-Thérèse, femme du roi, ne s'aperçut de la substitution !

prononcer son nom. Il s'appelait le comte de Choiseul. Où l'avais-je connu? Je l'ignore. Un peu partout, je crois : à Vaux, chez la reine, au Cours-le-Prince. Il s'impatronisa chez moi dans un moment de distraction, et fit la sourde oreille, le jour où je lui laissai entendre que son absence me serait agréable.

Quand je n'aimais plus, je le disais ordinairement sans détour; mais Choiseul passait pour fort brutal, et, dans la crainte d'un éclat scandaleux, je ne m'expliquais qu'à demi-mot.

Le galant homme s'obstinait à ne rien comprendre. Il imposait à mes domestiques par des airs de grandeur et cherchait à produire le même effet sur moi, en me parlant de son mérite et des nombreuses qualités qui le distinguaient. Je lui répondis un jour par ce vers de Corneille :

Ah! Dieu! que de vertus vous me faites haïr!

Désespérant enfin de le congédier sans esclandre, j'attirai chez moi Précourt, le célèbre danseur, qui se servait aussi bien de l'épée que des jambes. J'aurais eu Desmousseaux sous la main, que vraiment j'en eusse passé par là pour me débarrasser du cauchemar qui m'obsédait.

Un matin, M. de Choiseul était à ma toilette.

Précourt entra, bien sermonné par moi et résolu à casser les vitres au premier signal. Le comte me narrait alors je ne sais quelle anecdote grivoise, où M. de Villeroi avait joué vis-à-vis de sa propre femme un assez piètre rôle et avait dû boire un affront, faute de preuves suffisantes, ce dont M. de Choiseul le blâmait fort.

— Eh! lui dis-je, vous en parlez bien à votre aise. Il est très-difficile à un mari, comme à un amant, de s'assurer de l'infidélité d'une femme.

— Non pas, non pas! s'écria-t-il : bien fin qui m'y attraperait! Avec un peu de perspicacité et d'attention, on doit à la seule vue d'un rival heureux, savoir à quoi s'en tenir.

Je le regardai d'un air de surprise extrême, et je lui dis :

— Miséricorde! comment faites-vous pour être si sûr de ces choses-là?

— Je crains fort, monsieur le comte, que vous ne péchiez par amour-propre, ajouta Précourt avec un rire significatif.

Choiseul tressaillit et devint pâle; mais il n'osa point éclater ce jour-là. Le lendemain, à l'heure du déjeuner, voyant deux couverts mis, il alla sans façon prendre place à la table. Précourt, sortant aussitôt d'une chambre voisine, lui cria :

— Pardon!... je suis désolé... Ce couvert est pour moi.

— Monsieur! fit le comte, se levant l'œil enflammé de courroux.

— Soyez donc assez aimable, dit Précourt avec infiniment de calme, pour ne pas élever ainsi la voix : on pourrait croire que vous me cherchez querelle.

Choiseul était blême de rage. Ses yeux tombant alors sur le costume de son interlocuteur, qui tenait moitié du bourgeois, moitié du militaire, il lui demanda avec ironie :

— Dans quel corps servez-vous, monsieur?

— Je sers dans un corps où vous avez servi beaucoup

trop longtemps, répondit Précourt sur le même ton. Du reste, ce n'est pas devant mademoiselle que je puis vous raconter mes campagnes. Le boulevard n'est pas loin ; si vous désirez m'y suivre...

Choiseul campa fièrement son feutre sur sa tête, et dit :

— Je ne me bats pas avec un baladin !

— Vous avez raison, monsieur, car le baladin vous ferait danser.

La chose en resta là. Mon cauchemar disparut pour ne plus revenir. Je me promis d'être désormais sur mes gardes contre les distractions.

Cependant la liaison du roi avec mademoislle de la Vallière devenait publique. L'exil de Saint-Évremont n'intimidait pas les faiseurs de couplets Bussy-Rabutin fut le plus intrépide de tous. Sous prétexte que la favorite avait la bouche un peu trop grande, il se permit de composer une chanson bouffonne dont voici le refrain :

> Que *Deodatus* (1) est heureux
> De baiser ce bec amoureux,
> Qui d'une oreille à l'autre va,
> *Alleluia!*

Trois jours après, tout Paris chantait cette sottise. Bussy-Rabutin aurait pu très-agréablement jouir de son triomphe, si les cachots de la Bastille n'eussent pas eu des murs trop épais pour l'empêcher d'entendre les chanteurs.

Dans le courant de l'hiver, ma bonne comtesse de Choisy,

---

(1) *Dieudonné*, surnom du roi.

qui m'avait témoigné un intérêt si vif et si tendre, tomba malade et mourut.

Sa perte me fut très-sensible.

Au retour du printemps, je me préparais à transporter mes pénates à Picpus, lorsque madame de Montausier, qui allait aux eaux de Forges, me proposa de l'y accompagner, disant que nous y trouverions société nombreuse, et surtout bonne compagnie. J'acceptai de grand cœur, et je décidai madame de la Fayette à nous suivre.

Plusieurs fois déjà Gui-Patin m'avait conseillé de prendre ces eaux, non que je fusse malade, mais comme préservatif aux maladies à venir.

Je lui riais au nez quand il me tenait ce discours, car je jouissais d'une santé florissante. Ma fraîcheur était merveilleuse. Conservant avec mes charmes toutes les apparences de la jeunesse, je ne craignais pas de dire mon âge à tout venant, sûre d'exciter des clameurs et d'entendre crier au mensonge quand j'accusais mon demi-siècle. Franchement, j'y mettais de la coquetterie. On m'eût donné tout au plus vingt-cinq ans. Je n'y comprenais rien moi-même; ou plutôt je m'expliquais cela par le sortilége de mon homme noir, dont le souvenir, soit dit en passant, me donnait toujours le frisson. Je n'en observais pas moins régulièrement ce qu'il m'avait prescrit.

Boire un verre d'eau à Forges, ou en boire un à Paris, revenait absolument au même.

Nous fîmes le voyage gaîment.

Forges n'est qu'à vingt-cinq lieues. J'eus regret, sur ma parole, de n'avoir pas visité plus tôt ce curieux séjour. On y voit des gens de toutes les parties du monde. Nulle part ailleurs on ne rencontre une assemblée plus tumultueuse et plus amusante. Parisiens et campagnards, nobles et bourgeois, moines et religieuses, Français, Anglais, Flamands, Espagnols, chrétiens, huguenots, juifs, mahométans, tout cela boit ensemble, à la même fontaine, une eau détestable qui donne des haut-le-cœur.

A six heures du matin, chacun se lève pour faire cette débauche.

Puis on se promène dans le jardin des capucins, dont ces bons pères ont abattu les murailles, afin de laisser les promeneurs y entrer plus librement. Il est vrai de dire qu'au bout de la grande avenue ils ont attaché à un tilleul un tronc fort raisonnable, qu'ils sont obligés de vider presque tous les jours. Mais chacun, ici-bas, gagne sa vie comme il peut.

On babille à cette promenade, on rit, on s'apprend les nouvelles, et l'on n'épargne ni les caquets ni les médisances. C'est absolument comme à Paris.

Vers neuf heures, une cloche sonne. Les gourmands courent déjeuner, les dévots vont à la messe, et le reste de la matinée se passe à la toilette ou en baguenaudes.

On dîne très-copieusement.

Tout l'après-dîner se consacre à des visites réciproques, où les caquets recommencent. A cinq heures, des comédiens, détachés de la troupe de Rouen, donnent spectacle jusqu'à sept heures; on soupe, puis la promenade aux Capucins recommence et se termine fort dévotement par les litanies, que l'on récite à la chapelle des moines.

Voilà au grand complet l'existence qu'on mène à Forges.

Nous y étions depuis deux jours à peine, lorsque tout

à coup la duchesse de Montpensier, qui passait la saison à son château d'Eu, nous arriva en magnifique équipage, avec cinq à six carrosses, toutes ses filles, force valets de pied et un maître des cérémonies. Contre mon attente, elle me combla de caresses, et voulut que nous fussions constamment chez elle, mes compagnes de voyage et moi. Je ne fus pas surprise de ce retour d'amitié : depuis environ deux ans elle avait chassé la comtesse de Ficsque, ainsi que madame de Frontenac, notre troisième maréchale de camp d'Étampes.

Le père de Mademoiselle était mort à Blois l'été précédent. Quel orateur se chargea de l'oraison funèbre du défunt? je l'ignore; mais la besogne était difficile. Vraiment le sujet ne prêtait guère à l'apothéose.

La princesse avait fini son deuil.

Comme chacun se plaignait de la comédie, elle fit venir de Rouen la troupe tout entière et la paya.

La rencontre de mesdames de la Fayette et de Montausier fut d'autant plus agréable à la fille de Gaston, qu'elle même s'occupait d'écrire. Il nous fallut entendre ses œuvres d'un bout à l'autre. Elle nous lut la *Princesse de Paphlagonie,* l'*Ile imaginaire* et une multitude de *portraits*, genre de littérature qui alors faisait rage.

A parler franc, ce n'était point merveilleux. Quand je me rappelais la Fronde et la Bastille, je songeais que Mademoiselle avait décidément plus de dispositions pour la guerre que pour les lettres.

Nous commencions à nous ennuyer, lorsque de nouveaux personnages survinrent. On nous annonça le duc de Roquelaure, le plus fameux hâbleur de France et de Navarre.

Il était accompagné du chevalier de Roquelaure, son cousin, grand homme sec, qui sentait son reître et qui eût fait peur au coin d'un bois. A leurs trousses venait clopin-clopant un sieur de Romainville, très-goutteux, mais qui marchait encore assez pour le suivre partout, on ne savait dans quel but, si ce n'est peut-être qu'il donnait au chevalier des leçons d'impiété au cachet ou à l'heure, car ce Romainville était l'irréligion même.

Ces trois originaux défrayèrent la société de balivernes et de sornettes.

Ils n'étaient pas toujours fort convenables, surtout le chevalier et son maître d'athéisme; mais dans le désœuvrement on excuse bien des choses.

Romainville, qui, au lieu de boire de l'eau de la fontaine, entonnait par jour sept à huit pintes de cidre, tomba gravement malade. Sa goutte lui remonta dans la poitrine. Nous envoyâmes querir un père capucin, pour sauver du moins l'âme de ce chenapan, si faire se pouvait.

Mais, à l'arrivée du confesseur, le chevalier, qui se trouvait là, saisit une escopette, et coucha le pauvre moine en joue en criant:

— Retirez-vous, mon père, ou je vous tue. Il a vécu comme un chien, il faut qu'il meure comme un chien!

Cela fit tellement rire le moribond, qu'il en guérit.

M. le duc de Roquelaure ne se permettait pas devant Mademoiselle toutes les impertinences érotiques et les saillies de mauvais lieu qui l'ont rendu célèbre. Il avait alors un esprit plus fin, plus délicat et presque toujours émarqu au bon coin.

Je me rappelle entre autres un trait fort plaisant,

Le chevalier tranchait du matamore. Il ne parlait que des gens qu'il avait pourfendus et des marauds auxquels il avait coupé les oreilles. Un jour, après avoir fait de ses talents en escrime l'éloge le plus pompeux, il termina en disant :

— J'ai eu plus de cinquante duels ou rencontres, et je n'ai jamais reçu la moindre blessure.

— Ah! parbleu, mon cousin, dit Roquelaure avec le plus grand flegme, vous avez plus de chance que moi; car je n'ai eu qu'un duel dans ma vie, un seul, et j'ai été tué.

Nous restâmes à Forges jusqu'à la fin de la canicule, qui est, dit-on, le meilleur temps pour prendre les eaux.

De retour à Paris, je reçus la visite de le Nôtre. J'avais décidément fait sa conquête. Il m'invita, pour le surlendemain, à aller voir ses plantations de Versailles, ajoutant qu'il me raconterait une anecdote sur Louis XIV et la Vallière. Il en fallait beaucoup moins pour me décider à accepter sa politesse.

Au jour fixé, je me mis en route avec Perrote.

Ce vieux et fidèle domestique se cassait beaucoup. J'eus le regret, deux mois plus tard, de le mettre à la réforme, avec une pension de huit cents livres jusqu'à la fin de ses jours.

M. le jardinier en chef des jardins royaux commença par m'offrir un délicieux petit déjeuner dans un pavillon très-élégant, bâti tout exprès pour lui dans le voisinage des serres. Il me mena visiter ensuite les énormes travaux d'agrandissement que le roi commençait à faire exécuter au château; puis nous allâmes dans les jardins, qui étaient vraiment dessinés avec un art admirable. Jamais les bosquets d'Armide, si vantés par le Tasse, n'ont offert un coup d'œil plus riant et plus majestueux.

Le Nôtre se montrait fort sensible à mes éloges. Il me baisait la main à chaque compliment, ce qui ne m'empêchait pas de lui en adresser de nouveaux, car il me faisait marcher de surprise en surprise.

— Et votre anecdote? lui demandai-je.

Il tira sa montre et me répondit :

— Pas encore, dans un instant.

— C'est donc une histoire à heure fixe?

— Oui, ne perdez pas patience.

Au bout de vingt minutes environ, il regarda du côté du château et m'entraîna vivement sous un berceau voisin.

— Chut! fit-il en portant un doigt sur ses lèvres : pas un mot. Dissimulons-nous sous le feuillage, car elle s'effarouche aisément. Si elle nous apercevait, elle ne viendrait peut-être pas au tombeau de sa rose.

— Au tombeau de sa rose! murmurai-je avec surprise. De qui parlez-vous donc?

— De mademoiselle de la Vallière. Elle approche... Silence!

A quelques pas de nous parut effectivement une femme vêtue de noir et tenant un parasol. Je reconnus la jeune fille que j'avais vue, deux ans auparavant, si belle et si radieuse à la maison de plaisance de M. Fouquet.

Mais quel changement, hélas!

Louise n'était plus que l'ombre d'elle-même : les douces nuances de ses joues s'effaçaient pour faire place à al pâleur; ses yeux étaient rougis, le marasme dévorait ses charmes.

— Eh bien? me demanda le Nôtre à voix basse.

— Ah! la pauvre enfant, répondis-je, elle est méconnaissable. Si vous ne m'aviez pas dit son nom...

Il porta de nouveau le doigt sur ses lèvres.

Mademoiselle de la Vallière entrait dans un petit bois, voisin du berceau sous lequel nous étions cachés. Nous la suivîmes à distance, étouffant le bruit de nos pas, et bientôt je la vis s'arrêter auprès d'une espèce de mausolée, devant lequel elle se mit à genoux.

Là, sous un globe de cristal et sur un carré de marbre blanc se trouvait, dans une petite caisse dorée, un arbuste flétri.

A l'une des branches de cet arbuste pendait encore une fleur desséchée, dont il était impossible de deviner le nom et de reconnaître la nature.

— C'est le rosier du bal du Louvre, le même que je lui ai porté, il y a deux ans, de la part du maître, dit mon compagnon d'une voix émue. Vous le voyez, il n'avait qu'une rose... une rose à cent feuilles... Pauvre femme! pauvre fleur!

Une larme souleva la paupière de le Nôtre et descendit lentement sur sa joue.

Mes yeux aussi devinrent humides.

Évidemment il y avait là un drame que je ne comprenais pas encore. Je regardais tour à tour avec saisissement cette femme agenouillée et cet homme qui pleurait.

Louise, après être restée quelques secondes à considérer l'arbuste, souleva le globe de cristal et colla ses lèvres sur la rose morte, dont quelques feuilles se détachèrent et furent emportées par le vent.

— Retirons-nous, dit le jardinier. Venez écouter mon histoire.

Nous rentrâmes sous le berceau. Il y avait là des bancs rustiques. Le Nôtre s'assit à côté de moi.

— Vous allez me trouver ridicule, commença-t-il ; mais j'ai pour mes fleurs l'affection qu'on a pour ses enfants. Ne vous souvient-il plus qu'au bal de Vaux je tempêtais contre le caprice de Louis XIV, qui avait donné à la fille d'honneur de Madame mon plus beau rosier de Hollande ?

— En effet, ce souvenir m'est présent.

— Je fis, comme vous pouvez le croire, à mademoiselle de la Vallière toutes les recommandations imaginables sur la nécessité d'arroser l'arbuste, d'en élaguer les boutons parasites et d'en tailler les branches. Elle me pria de venir le soigner moi-même. J'y consentis avec bonheur. La chère enfant caressait une idée bizarre. C'était le premier don qu'elle recevait du roi. Dans son esprit, l'amour de Louis XIV s'attachait à l'existence du rosier et devait en suivre le destin.

— O superstition du cœur ! murmurai-je. C'est bien cela. Je commence à comprendre.

— Oui, vous comprenez aujourd'hui le chagrin de Louise; mais ce que vous ne devinez pas, ce que j'ai été moi-même un siècle à deviner, c'est la cause qui a fait périr le rosier.

— En effet, ne disiez-vous pas qu'il pouvait vivre cinquante ans?

— Je le répète, il aurait à coup sûr dépassé cet âge, sans la trahison la plus odieuse. Oh! les femmes! les femmes! ajouta-t-il avec une sorte de colère : il n'y a pas de milieu, ou ce sont des anges, ou ce sont des démons.

— D'accord, mon ami; mais je demande votre histoire, et non des réflexions philosophiques sur la nature de mon sexe.

— L'histoire ?... ah! mon Dieu, je puis vous en donner le dénoûment dans deux mots : c'est mademoiselle Athénaïs de Mortemart qui a commis cette trahison.

— Qu'entends-je? la fiancée de Montespan?

— Ou, si vous aimez mieux la seconde maîtresse du roi.

— Hein? m'écriai-je, regardant le Nôtre avec stupeur.

— Ah! je vous apprends du nouveau. L'adultère marche bon train à la cour. Mademoiselle de Mortemart a un superbe avenir.

— Et son hymen avec le marquis?

— Cet hymen sera célébré sur la fin de la semaine : Montespan n'est pas un homme à faire du scrupule.

— Voilà qui est parfaitement ignoble, savez-vous?

— Je suis de votre avis. Continuons l'histoire. Le rosier, devenu talisman, ne quittait plus mademoiselle de la Vallière. Quand elle délogea du Palais-Royal pour aller au Louvre, je le portai au Louvre; quand elle vint à Versailles, sa fleur y vint avec elle. Or Athénaïs était une grande camarade de Louise, et celle-ci, qui lui faisait toutes ses confidences, lui avoua sa chère superstition.

— L'imprudente!

— Aussi naïve que bonne, elle ne soupçonnait pas son amie. Elle voyait tranquillement Athénaïs causer avec le roi et l'amuser par une foule de médisances, que celle-ci débite avec un esprit infernal. L'essentiel, vous comprenez, était de faire perdre à la Vallière tout ce que mademoiselle de Mortemart gagnait elle-même dans le cœur du monarque. Un jour, venant tailler le rosier, je m'aperçus qu'il dépérissait.

— Hélas! me dit Louise, l'amour du roi s'en va!

Je la rassurai de mon mieux, et, à tout hasard, je changeai la terre de la caisse ; mais, le lendemain, la maladie allait croissant. Déjà la rose était flétrie et les feuilles jaunissaient.

Mademoiselle de la Vallière ayant pleuré tout le jour, Louis XIV la trouva maussade.

En revanche Athénaïs de Mortemart ne déploya jamais plus d'esprit et de gaieté.

— Vous voyez, il meurt, disait Louise en me montrant l'arbuste de plus en plus malade : il meurt, sans que vous sachiez pourquoi... Moi, je le sais, je le sais, ajouta-t-elle avec des sanglots.

Le soir, Sa Majesté la trouva laide et eut assez peu de galanterie pour le lui dire.

Je me donnais au diable avec le rosier; je taillais à droite, je taillais à gauche. Ne voulant négliger aucun moyen de salut, j'allai même jusqu'à le transplanter dans une autre caisse. Rien ne put réussir. Deux jours après, il était mort, et Louis XIV faisait admettre mademoiselle de Mortemart au nombre des filles d'honneur de la reine.

Un doute, un éclair, me traversa l'âme.

— Avez-vous communiqué à quelqu'un, demandai-je à Louise éplorée, l'espèce de présage que vous attachiez à cette fleur?

— Oui, me répondit-elle, je l'ai dit à Athénaïs.

Sans lui répondre, je pris une poignée de la terre qui entourait le tronc de l'arbuste, et je la portai chez un chimiste, qui l'analysa. Mes soupçons furent confirmés. Sur cette terre on avait versé de la couperose. Un flacon imperceptible, deux gouttes par jour, rien n'était plus simple. Et voilà comment une personne habile supplante sa rivale.

— Oh! m'écriai-je, c'est un tour indigne!

— Je vous le disais, reprit le jardinier avec un soupir, mademoiselle de Mortemart ira loin.

Voilà qu'elle était l'anecdote promise. Je quittai Versailles tout émue et poursuivie par l'image de cette pauvre femme que j'avais vue pleurer sur un rosier mort.

Le Nôtre n'avait pas communiqué sa découverte à mademoiselle de la Vallière. A quoi bon? N'ayant pas été surprise, la perfide amie pouvait nier. Par des récriminations et des plaintes, on n'aurait fait peut-être que changer le refroidissement en haine, et Louise avait déjà deux enfants du roi, deux enfants dont elle devait assurer l'avenir. Son destin voulait qu'elle épuisât la coupe des douleurs et qu'elle donnât au monde un exemple frappant des misères et du désespoir qui peuvent atteindre la maîtresse d'un roi.

Mademoiselle de Mortemart épousa, quelque temps après, M. le marquis de Montespan, mari commode, sur chaque œil duquel on appliquait une pièce d'or quand il voulait y voir trop clair.

Jusqu'au jour où la nouvelle maîtresse put recueillir ouvertement l'héritage de sa rivale, il couvrit tout de son complaisant manteau.

Louis XIV eut donc à la fois deux favorites, et cela sous les yeux de la jeune reine, au su et vu de chacun. Il les traînait à sa suite dans les fêtes, dans les carrousels, dans les armées, et poussa le cynisme jusqu'à faire légitimer ses bâtards par arrêt du parlement.

Anne d'Autriche n'avait plus aucune puissance et se contentait de gémir sur ces désordres. Elle ressentait alors les premières atteintes de la cruelle maladie qui devait l'entraîner dans la tombe. C'était un cancer que toute la science des médecins de Paris n'avait pu guérir. Abandonnée par eux, la pauvre reine mère eut recours aux empiriques. Bientôt elle fut dans un état déplorable, au point de ne pouvoir aller d'un lit à l'autre sans s'évanouir.

Mademoiselle m'a raconté depuis les détails de cette mort.

Ils sont affreux, et inspirent de tristes réflexions au sujet de toutes ces grandeurs de la terre qui viennent se briser ainsi contre un cercueil.

La plaie d'Anne d'Autriche exhalait une odeur si fétide, que personne, pas même ceux qui lui étaient le plus affectionnés, ne pouvait rester auprès d'elle. On descendit la châsse de Sainte-Geneviève et l'on fit des processions dans la ville. Mais, quand l'heure des rois a sonné, Dieu ne fait pas plus de miracles pour eux que pour le plus pauvre et le plus obscur de leurs sujets. Le jour même de la procession, la plaie sécha ; le lendemain, le bourdon de Notre-Dame annonçait que la mère de Louis XIV avait cessé de vivre.

On peut dire d'Anne d'Autriche qu'elle fut une des belles femmes de son siècle. Grande, bien faite, d'une mine douce et majestueuse, elle avait de sa personne un soin extraordinaire et poussait la propreté jusqu'au scrupule.

Même à l'heure de sa mort, ce sentiment de délicatesse ne l'abandonna pas.

L'évêque d'Autun, prélat fort peu digne d'estime et dont j'aurai longuement à parler plus tard, était en train de lui administrer l'extrême-onction. Il se préparait à lui mettre les saintes huiles aux oreilles, lorsque tout à coup la mourante s'écria en s'adressant à l'une de ses femmes :

— Ah ! ma chère de Fleix, levez bien mes cornettes, de peur que ces huiles n'y touchent, parce qu'elles sentiraient mauvais.

On fit à la reine mère de pompeuses funérailles. Nous allâmes sur le chemin de Saint-Denis, madame de la Fayette et moi, voir le cortége, que Louis XIV suivit en grand deuil.

IV

Il y eut, pendant quelques mois, une légère diminution de scandale à la cour. D'ailleurs, la guerre qui éclata força le monarque à s'occuper de l'honneur de son trône, et l'on doit dire, pour être juste, que jamais prince ne le soutint avec plus de vaillance et plus de gloire.

Mais ce n'est pas à moi de raconter les batailles qui eurent lieu jusqu'au traité d'Aix-la-Chapelle.

Je n'écris ni les Mémoires de Condé ni ceux de Turenne.

Alors complétement rentré en grâce, le vainqueur de Rocroy, de Lens et de Nordlingen, faisait oublier sa révolte par de nouvelles et éclatantes victoires. En moins de trois semaines il conquit la Franche-Comté, et vint offrir à son cousin ce nouveau fleuron qui ne devait plus quitter la couronne.

Il y avait alors au Louvre un seigneur très-brillant, très à la mode, que toutes les beautés du lieu se disputaient à l'envi. Je parle de M. de Lauzun, de cet homme qui se conduisit avec la petite-fille de Henri IV comme le dernier des manants ne se serait pas conduit avec la dernière des femmes du peuple. Mademoiselle, que j'avais vue jadis tant s'occuper de son mariage, Mademoiselle, qui voulait d'abord épouser l'empereur d'Allemagne, puis Condé, puis Louis XIV lui-même, après avoir refusé, dans cet espoir, la couronne d'Angleterre, Mademoiselle devint amoureuse de M. de Lauzun, simple cadet de Gascogne. Quelle chute! Il est vrai de dire que M. de Lauzun avait beau visage et grande mine. Ses yeux étaient pleins de feu, de hardiesse et d'esprit.

On venait de créer le premier régiment de dragons, et d'en nommer M. de Lauzun colonel.

Aux parades du Louvre, aux revues de Versailles, il était magnifique sous l'uniforme. Mademoiselle ne se lassait pas de l'admirer de sa fenêtre. Enfin, elle s'en coiffa si fort, la pauvre fille, qu'elle arriva bientôt à lui faire des avances.

D'abord, M. de Lauzun feignit de ne pas comprendre; il se retrancha dans les limites d'un respect profond. Plus Mademoiselle avançait, plus il faisait le modeste; mais sa modestie ressemblait à une balance, qui s'abaisse d'un côté pour mieux s'élever de l'autre.

Il jouait un jeu sûr.

4

Femme qui s'engage ne recule plus et va jusqu'au bout. Mademoiselle dit un jour au beau dragon :

— Je n'ose, en vérité, prononcer le nom de celui que j'aime, en votre présence; mais je consens à vous l'écrire.

Et le soir, au ballet du roi, elle lui glissa dans la main un petit papier, sur lequel se lisaient ces deux mots :

« C'est vous. »

Alors ce fut une autre affaire. Lauzun changea de manœuvre. Autant il s'était montré modeste et respectueux, autant il devint téméraire et passionné. M. le colonel pénètre un matin dans la chambre de la fille de Gaston, sans avoir soin de la faire prévenir par ses femmes. Il la trouve devant un miroir, la gorge découverte, se précipite à ses genoux, lui déclame tous les lieux communs de la passion, et remercie sa bonne étoile de lui avoir montré le plus doux spectacle, les charmes les plus divins. Notez, je vous prie, que Mademoiselle avait quarante-deux ans et qu'elle était fort maigre.

Elle ajoute foi, malgré tout, aux discours de cet ambitieux, s'allume de plus en plus le cœur, et s'occupe, dès lors, à chercher le moyen d'obtenir le consentement du roi à son mariage avec M. de Lauzun.

Pendant que cette intrigue se passait au Luxembourg, dont Mademoiselle avait hérité à la mort de Gaston, le Louvre, grâce aux deux maîtresses de Louis XIV, alors pleinement avouées, recommençait à donner un scandale si grand, que l'Église en prit l'alarme. Du haut de la chaire évangélique, les prédicateurs se mirent à tonner de toutes leurs forces. Le plus célèbre, à cette époque, était le père Bourdaloue, de la compagnie de Jésus. Je l'entendis prêcher le carême à Versailles, et je fus surprise de la hardiesse avec laquelle il parlait à un roi dont la majesté imposait alors non-seulement à la France, mais au monde entier. Louis XIV et ses courtisans, écrasés par l'éloquence de l'orateur chrétien, baissaient le front comme des coupables.

On put entendre, dans un coin de la chapelle, les sanglots de la pauvre la Vallière.

Il me vint une idée originale. Malheureusement pour moi, cette idée prouvait que je n'étais pas encore prête à me convertir, en dépit des hautes vérités et des doctrines menaçantes tombées des lèvres du père Bourdaloue. Je voulus m'assurer, en un mot, si le cœur du célèbre jésuite était aussi ardent que son éloquence. Feignant donc une maladie sérieuse, je l'envoie prier de me rendre visite.

Il arrive, et me trouve parée de tout ce que la coquetterie peut offrir de plus séduisant.

L'entretien s'engage; il me parle avec beaucoup de gravité, d'un air solennel et recueilli, sans que ma vue paraisse lui causer le moindre trouble. Je me pique au jeu, l'amour-propre s'en mêle; j'ai recours à toutes les ressources de mon imagination, j'épuise mes poses les plus victorieuses, mes sourires les plus provocateurs, mes œillades les plus assassines.

Vains efforts, peines superflues!

Bourdaloue poursuit ses pieuses exhortations et finit par se lever, en disant :

— Je le vois, mademoiselle, votre maladie est tout entière dans le cœur et dans l'esprit. Quant à la santé de votre corps, elle me semble parfaite : je prie le grand médecin des âmes qu'il vous guérisse.

Et il s'en alla. J'en étais pour tous mes frais. La bataille ne pouvait être mieux perdue.

Deux jours après, on fit sur cette aventure le couplet suivant :

> Ninon, passe les jours au jeu,
> Cours où l'amour te porte ;
> Le prédicateur qui t'exhorte,
> Quand il vient au coin de ton feu,
> Sait te parler d'une autre sorte.

Franchement j'avais mérité la satire, et je ne jugeai point à propos de me plaindre.

On le voit, je conviens de mes torts sans aucun détour ; mais je ne veux pas néanmoins me faire plus coupable que je ne le suis.

En attirant chez moi le père Bourdaloue, je désirais m'assurer par moi-même si réellement ses actes ne démentiraient pas ses paroles, et s'il imiterait la conduite d'un personnage dont j'ai reculé de parler jusqu'à ce jour, parce que vraiment il m'avait donné du clergé l'idée la plus fausse.

Je rangeais tous les prêtres dans la même catégorie.

Néanmoins j'aimais mieux garder le silence que de me faire accuser d'irréligion. Mais, ayant aujourd'hui la preuve qu'il y a de bons et dignes ministres de l'Évangile, je n'ai plus aucune raison de me taire, et je vais démasquer M. d'Autun.

C'était un grand prélat sec, avec une mine confite et souriante, une parole douce, un air paterne, en un mot tout sucre et tout miel.

Il avait des manéges à lui, des souplesses merveilleuses. Tour à tour on le vit passer du cardinal à la Fronde, et de la Fronde au cardinal, porter toutes les couleurs, prendre tous les masques, mais avec une habileté si grande, qu'on l'applaudissait en quelque sorte d'un manque de foi, et qu'on l'eût volontiers remercié d'une trahison. Fin, rusé, chatoyant, hypocrite, couvrant tout du manteau de l'Évangile et du voile de la piété la plus angélique en apparence, M. d'Autun passait généralement pour le plus saint homme du monde.

Ce fut chez madame de Longueville que j'eus l'inappréciable avantage de faire sa connaissance.

Depuis, j'eus très-souvent l'honneur de le recevoir chez moi, où il me soutira d'assez fortes sommes... pour les pauvres. Il m'emprunta d'un seul coup quinze mille livres, sous prétexte d'arracher deux malheureuses filles à un gouffre de perdition et de payer leur dot au cloître.

Émerveillée de ses vertus, admirant sa sainteté, je n'aurais pas osé, devant lui, me livrer à la plaisanterie la plus innocente.

J'étudiais mes gestes, je veillais à chacune de mes paroles, craignant toujours d'effaroucher sa pudeur ou d'offusquer ses chastes oreilles. Imaginez donc ma surprise quand je vis, un jour, sa sainte paupière se lever sur moi avec plus de hardiesse, ses regards chercher mes regards, sa main se poser sur mes genoux et les presser, bien doucement d'abord, puis avec un peu plus de force. J'en étais toute saisie.

Remarquant l'impression défavorable que faisait sur moi le singulier changement de ses manières, il se mit, avec sa voix mielleuse et son air béat, à me prêcher les maximes les plus détestables et les plus perverses. Je n'ai jamais vu morale aussi monstrueuse.

A l'entendre, le péché ne consistait que dans le scandale, et la piété la plus sincère n'empêchait pas de donner, en secret, satisfaction aux sens.

Il y avait un moyen, selon M. d'Autun, de sanctifier tout, même l'amour.

Et, là-dessus, redoublement d'audace.

L'hypocrite essaya de passer le bras autour de ma taille. Son œil étincelait de luxure.

Autant j'eusse été faible, en pareil cas, avec un homme du monde qui m'eût déclaré sa passion hautement, sans ruses et sans détour, autant je me trouvai forte contre les tentatives de ce prêtre, qui essayait de me circonvenir et s'approchait de moi comme un reptile. Je le repoussai, en lui laissant voir tout mon mépris, tout mon dégoût.

Alors le reptile se dressa, l'hypocrite jeta le masque; mais je bravai sa colère, je me ris de ses menaces de vengeance, et j'appelai mes gens pour le jeter dehors.

Voilà mon histoire avec M. d'Autun. Jamais le saint homme ne me renvoya mes quinze mille livres.

— Ah! mon bon Jean-Baptiste, disais-je à Molière en lui racontant toutes mes aventures avec le clergé, y compris celles de Richelieu et de Mazarin, ne trouves-tu pas que ma douce et franche philosophie d'Épicure est infiniment préférable et laisse plus de repos au cœur que cette fausse religion, toujours prête à changer le plaisir en vice et à mettre le ciel de moitié dans son hypocrisie?

— Sans doute, me répondit Molière. Cependant le père

Bourdaloue est une preuve que la religion marche quelquefois avec la conscience.

— Oui; mais où trouver un moyen sûr de distinguer le faux dévot du véritable?

— Rien de plus facile, chère amie.

— Comment cela?

— Je me charge de vous l'apprendre, en faisant une pièce avec l'histoire de M. d'Autun... si vous le permettez toutefois.

— Ah! tu ne peux me causer une plus vive satisfaction! m'écriai-je.

— En ce cas, ma belle protectrice, vous aurez la pièce avant six semaines.

Molière tint parole. Au bout d'un mois il m'apporta le *Tartufe*, qu'il consentit à lire dans mon salon, devant plus de cinquante personnes, que cette lecture jeta dans l'enthousiasme. C'était touché de main de maître. Je reconnaissais mon reptile.

Dès ce jour, Molière fut à l'apogée de sa gloire. *L'École des Femmes*, *le Misanthrope*, *l'Avare*, étaient déjà connus du public. Il allait de chefs-d'œuvre en chefs-d'œuvre, ne s'inquiétant point des sourdes machinations de la jalousie, ni du verbiage de la critique.

— Les enfants, ma chère, me disait-il, savent tout de suite fouetter les chevaux; mais, pour les conduire, c'est autre chose. Eh bien, les critiques sont comme les enfants : ils fouettent les auteurs, mais ils ne les dirigent pas.

Il était impossible d'entendre une conversation plus sensée, plus fine, plus remplie à la fois de bon goût, d'esprit, de tact et de profondeur que celle de Molière. Jamais homme ne mérita mieux l'estime de ses amis et l'admiration de tous. Et cependant mon pauvre Jean-Baptiste n'était pas heureux. Son esprit ne se trompa jamais de route, mais il n'en fut pas de même de son cœur. Depuis cinq ans, il avait eu la sottise d'épouser la fille de Béjart, une odieuse petite guenon qui lui joua des tours pendables, et qui vraiment n'était pas digne de lui dénouer les souliers. Molière venait pleurer chez moi. Je pleurais avec lui.

— Ah! lui disais-je, que n'enterres-tu cette créature et que n'ai-je vingt ans de moins! Je serais ta femme, moi... je ne te tromperais pas.

Le chagrin de le voir malheureux m'emportait tout à fait en dehors de mes théories connues sur l'amour; mais je ne prenais pas garde à cette inconséquence, je lui parlais dans toute la sincérité de mon âme.

Trompé par la Béjart, Molière poussa, du reste, le courage jusqu'à l'héroïsme. Il excita les rires du public par la peinture de cette même infortune, qui lui faisait chez moi répandre des larmes si amères. Je le soupçonne de s'être arrangé pour que le plus grand nombre des maris devinssent ce qu'il était lui-même, et vraiment le tour est de bonne guerre. Seul, il ne méritait pas cette destinée ridicule : donc il fallait, en toute justice, que les autres la partageassent avec lui.

Après la première représentation de *Tartufe*, où l'éclat des bravos fit presque crouler les voûtes de la salle, il y eut une ligue entre les faux dévots de Paris. Comme le nombre en est incalculable, je vis le moment où, à force de machinations et d'intrigues, on allait condamner la pièce. Mais tout à coup et de la manière la plus inattendue,

Louis XIV prit le parti de l'auteur : il lui envoya l'ordre de venir représenter le *Tartufe* à Versailles.

Quel triomphe! Molière y fut plus sensible qu'à tous ses autres succès.

Il eut, dès ce jour, une pension sur la cassette du roi. Je pardonne bien des choses à Louis XIV en faveur de cette noble et royale conduite. La postérité, j'aime à le croire, sera de mon sentiment et dira que ceci n'est pas la moins belle des actions de son règne. Les ennemis de l'illustre comédien pensèrent crever de rage. Mais ses amis furent aux anges, et, sans me compter, sans compter tout mon cercle, la foule en était grande.

En cette même année j'eus quelques accidents fâcheux.

D'abord le poëte Chapelle s'avisa de tomber amoureux de moi, ce qui me déplut fort, à cause de son ivrognerie, qu'une femme un peu délicate ne pouvait vraiment supporter.

Ses persécutions devinrent si vives, que je fus obligée de lui interdire ma porte. Au lieu de se corriger de son affreux défaut, Chapelle se fâcha. Il fit le serment solennel que, durant six semaines entières, il ne se coucherait pas sans être ivre et sans avoir fait contre moi des couplets, qui n'allaient ni à son cœur ni à son esprit.

J'en ai retenu un entre tous. Le voici, mes lecteurs jugeront.

> Il ne faut pas qu'on s'étonne
> Si souvent elle raisonne
> De la sublime vertu,
> Dont Platon fut revêtu;
> Car, à bien compter son âge,
> Elle peut avoir vécu
> Avec ce grand personnage.

On suit plutôt les mauvais exemples que les bons. Tous mes amants rebutés, comme aussi les personnes qui, pour quelque autre motif, croyaient avoir à se plaindre de moi, se vengèrent à coup de rimes.

Un matin, le grand prieur de Vendôme, débauché jusqu'à l'ignominie et dont j'avais également repoussé les hommages, laissa ce quatrain sur ma toilette :

> Indigne de mes feux, indigne de mes larmes,
> Je renonce sans peine à tes faibles appas.
> Mon amour te prêtait des charmes,
> Ingrate, que tu n'avais pas.

Je lui répondis, le jour même, par la parodie suivante :

> Insensible à tes feux, insensible à tes larmes,
> Je te vois renoncer à mes faibles appas ;
> Mais, si l'amour prête des charmes,
> Pourquoi n'en empruntais-tu pas ?

Le procédé qui me chagrina davantage fut celui de M. de Toureille, de l'Académie française, dont j'avais critiqué, fort amicalement du reste et tout à fait dans son intérêt, la traduction de Démosthène. Il composa cette épigramme :

> Dans un discours académique,
> Rempli de grec et de latin,
> Le moyen que Ninon trouve rien qui la pique ?
> Les figures de rhétorique
> Sont bien fades après celles de l'Arétin.

Pour imposer silence à tous ces rimeurs et les empêcher de s'occuper de moi, je résolus d'accepter une invitation que Mademoiselle m'avait faite d'aller passer auprès d'elle une semaine ou deux au Luxembourg. Elle y vivait très-retirée, ne recevant que M. de Lauzun et n'allant au Louvre qu'une fois la semaine pour supplier Louis XIV de consentir à son mariage.

Hélas! je ne savais guère que, pour fuir une contrariété, j'allais chercher un des plus grands désespoirs de ma vie, désespoir qui ne s'est jamais effacé de mon cœur.

Mais du moins n'y reste-t-il pas en compagnie d'un remords.

Une de mes maximes favorites était celle-ci : « Le sage se contente du jour présent; le lendemain doit lui faire oublier la veille. » Je mettais en pratique cette maxime, déchirant une à une les pages du passé et les jetant derrière moi comme autant de feuilles mortes. Trop tard je devais comprendre tout ce que ma philosophie avait de coupable et de funeste. La Providence elle-même se chargea d'arracher le bandeau de mes yeux. Elle illumina ma vie par un éclair et me fit envisager d'un seul coup le vide et le mensonge du système que j'avais prêché.

Dès mon premier pas dans les salons du Luxembourg, quel fut mon étonnement d'y apercevoir mesdames de Fiesque et de Frontenac! Mademoiselle les avait reprises l'une et l'autre.

On devine ma gêne et mon malaise à l'aspect d'une femme que je savais être mon ennemie déclarée. J'allais faire en sorte d'éviter sa rencontre, lorsque tout à coup je la vis accourir à moi en poussant un cri joyeux. Elle se précipita dans mes bras et me fit des amitiés inconcevables.

— Ah! ma chère Ninon, s'écria-t-elle, oublions le passé, je vous en conjure; il ne doit plus en être question entre nous. Fiesque est défunt: que ses torts lui soient pardonnés dans l'autre monde, et que Dieu me préserve à l'avenir de toute rancune.

La comtesse m'embrassa. Je crois même qu'elle versait des larmes. C'était une abominable hypocrisie, comme on va le voir.

Sur les instances de madame de Fiesque, la fille de Gaston m'avait appelée au Luxembourg, et devenait, sans s'en douter, complice de la trame la plus odieuse. Après m'avoir entretenue de M. de Lauzun et de l'espérance presque certaine d'obtenir enfin le consentement du roi, Mademoiselle me dit:

— Vous avez dû être surprise de retrouver ici les comtesses?

— En vérité, oui! m'écriai-je.

— Que voulez-vous? elles sont insupportables, mais elles me rendent des services. Il faut bien un peu de patience et de résignation. Madame de Frontenac surtout a un caractère terrible; je ne suis pas la seule qui en souffre. Ici même elle a près d'elle une nièce de seize ans, pauvre jeune fille d'une obéissance parfaite, d'un caractère plein de douceur, et belle comme un ange. Croiriez-vous qu'elle la maltraite au delà de tout ce qu'on peut dire?

— Quelle horreur!

— Voilà huit jours que la malheureuse enfant est dans la désolation la plus grande. Madame de Frontenac veut lui faire épouser, devinez qui?

— Un homme indigne d'elle, sans doute.

— Oui, son cuisinier.

— Mais pourquoi?

— Parce qu'il y a dans la naissance de Clotilde, c'est le nom de sa nièce, quelque chose de... défectueux. La tante affirme qu'elle ne trouvera jamais un hymen plus convenable.

— En lui donnant une dot pourtant?

— Voilà ce que je disais. Le désespoir de cette jeune fille me cause une peine infinie, et, ce matin encore, j'offrais cent mille livres pour la marier plus à son goût.

— Non! non! je refuse! s'est écriée ma dame d'honneur : c'est une petite misérable, qui ne mérite pas votre bienveillance...

Enfin, poursuivit la princesse, vous jugerez de cela vous-même.

Dans la soirée, j'allai rendre visite à madame de Frontenac. Son appartement se trouvait juste contigu à celui qu'on venait de m'offrir.

En entrant, j'aperçus Clotilde.

Mademoiselle m'avait fait l'éloge de la beauté de cette jeune fille, et vraiment il était impossible de voir une physionomie plus distinguée et plus gracieuse. La nièce de madame de Frontenac avait de beaux cheveux châtainbrun de la nuance des miens, un œil noir délicieusement fendu, une bouche mignonne, de petites mains roses, des pieds plus petits encore et une taille ravissante. On voyait sur les joues de la triste enfant une pâleur qui n'était pas de son âge et qui prouvait une grande souffrance intime. Ses yeux étaient rougis par les larmes.

Je n'aurais pas reçu les révélations de la princesse, que j'eusse deviné sur-le-champ les infortunes de Clotilde et les traitements cruels qu'on lui faisait subir.

Elle remplissait chez sa tante les fonctions d'une domestique.

Douce et patiente, elle s'efforçait en vain d'apaiser l'humeur atrabilaire de la comtesse. Celle-ci répondait à son zèle par des paroles dures, à son empressement par des outrages, à ses prévenances par des rebuffades sans fin. J'étais indignée.

Madame de Fiesque, présente à cette première entrevue, me dit tout bas :

— Ne valait-il pas mieux laisser au cloître cette orpheline que de l'amener ici dans le seul but de l'humilier et de la tyranniser sans cesse?

— Quoi, murmurai-je, elle l'a retirée du couvent pour la réduire à une aussi triste existence?

— Mon Dieu, oui. C'est une fille naturelle de son frère.

— Eh! madame, est-ce une raison pour la vouer au malheur?

— Non, je suis de votre avis. La comtesse est bien coupable.

Lorsque j'eus terminé ma visite, madame de Fiesque

m'accompagna pour retourner chez Mademoiselle. Dans le trajet, elle me dit de l'air le plus simple du monde :

— Je voudrais que cette jeune fille eût un amoureux qui lui assurât le bien-être et la sauvât des griffes de sa tante.

— Oui, certes, m'écriai-je, vous avez parfaitement raison.

— N'est-ce pas? Il est impossible qu'elle reste dans une situation pareille. Mais le moyen de l'en tirer? Souvent j'ai réfléchi sans pouvoir le découvrir. Clotilde est ici comme une prisonnière, elle ne voit personne. D'ailleurs, les plus grands obstacles viendraient peut-être d'elle-même. Religieuse et sage, il est à croire qu'elle prêtera difficilement l'oreille à des propos d'amour.

— Oh! oh! fis-je en riant, si je me chargeais de la guider?...

— Chargez-vous-en, ma chère.

— Et que dira-t-on?

— Peu vous importe. Faut-il s'inquiéter de cela? Les circonstances sont votre excuse, et la cruauté de sa tante justifie tout.

— Je vous assure que j'ai hâte de me mettre à l'œuvre.

— Ah! mais j'y songe, la comtesse doit partir dans deux jours pour aller voir Frontenac en Touraine, dit madame de Fiesque : c'est une occasion magnifique. Elle ne s'embarrassera point de sa nièce et se gardera bien de l'emmener à Blois.

— Croyez-vous?

— J'en suis persuadée. Comme elle ne reviendra pas avant l'automne, vous aurez le temps de former votre élève.

— Et je vous jure, m'écriai-je avec enthousiasme, que je vais en faire une fille accomplie.

— Une seconde Ninon?

— C'est cela même, vous avez dit le mot, lui répondis-je en souriant.

Le surlendemain matin, madame de Frontenac partit en effet pour Blois. J'obtins sans peine qu'elle me laisserait Clotilde pendant son absence.

On devine qu'elle fut la joie de la chère petite. Au lieu de la brusquerie de sa tante et des reproches pleins de dureté qu'elle entendait matin et soir, elle trouva chez moi de tendres caresses et une amitié sincère. J'amenai la conversation sur l'indigne mariage auquel madame de Frontenac voulait la contraindre. Clotilde versa alors tant de larmes, son désespoir éclata d'une manière si violente, que je soupçonnai dans ce jeune cœur un amour caché. Tout d'abord j'avais gagné sa confiance. L'aveu suivit bientôt les pleurs, et je sus qu'elle aimait le frère d'une de ses amies de couvent.

— Mais, ajouta Clotilde avec un profond soupir, il est noble, il est riche... il ne m'épousera jamais.

— Tant mieux, lui dis-je, tant mieux pour vous, ma chère enfant.

Elle tourna vers moi ses grands yeux tout remplis de surprise.

— Oh! répondit-elle, je suis bien sûre qu'Albert ne me rendrait pas malheureuse.

— C'est aussi mon opinion, Clotilde, et vous avez mal interprété mes paroles. Il se nomme Albert?

— Albert de Perceval.

— Mais où avez-vous pu le rencontrer?

— Tous les soirs, il venait à la grille du couvent rendre visite à sa sœur.

— Et à vous, Clotilde?

Ses joues devinrent écarlates.

— Allons, allons, ne rougissez pas, ma chère mignonne. Il vous aime, cela prouve en faveur de son bon goût; car vous êtes bien jolie.

— Vous trouvez? me demanda-t-elle naïvement.

Je l'embrassai de tout mon cœur. Elle était charmante. Mais le sourire qui avait éclairé son gracieux visage s'effaça bientôt. Les larmes recommencèrent.

— Hélas! dit-elle, sa famille ne consentira jamais à nous unir.

— Encore?... Voyons, ma belle, consolez-vous et laissons de côté cette absurde question de mariage. Albert vous aime, et vous l'aimez, n'est-ce pas?

— Oh! oui, répondit-elle, joignant les mains et levant vers moi sa paupière humide.

— Alors, pourquoi vous inquiéter du reste? L'amour est le seul bien de la vie, ma chère Clotilde, le seul, entendez-vous? Sans l'amour tout est mort, tout est stérile. C'est le plus grand bienfait, c'est la joie la plus vive, c'est la consolation la plus certaine que la Providence puisse nous accorder sur la terre. Beauté, séductions, poésie, nous puisons tout dans l'amour. Mais ce don précieux, nous ne le conservons qu'à la condition d'être libres. Une fois qu'un homme nous tient dans les chaînes du mariage il ne nous aime plus.

— Oh! c'est impossible, murmura-t-elle.

— Il ne faut pas dire c'est impossible. Le monde est là, Clotilde; vous n'avez qu'à regarder autour de vous, ma pauvre enfant, et vous verrez si j'ai tort. Orphée, dit-on, descendit chercher sa femme aux enfers ; mais tous les veufs de ma connaissance n'iraient pas même en paradis retrouver la leur.

J'apportais à cet entretien dangereux toute la vivacité d'esprit et toute l'éloquence dont j'étais susceptible. La surprise de Clotilde redoublait. Je poursuivis :

— Cela vous paraît étrange, n'est-il pas vrai, ma chère petite, et ce ne sont pas les discours qu'on vous tenait au couvent?

— Je l'avoue, me répondit-elle avec trouble.

— Oh! l'éducation des cloîtres! quelle déraison! quelle folie! On commence par tromper les jeunes filles, on leur présente tous les hommes sans exception comme des monstres de perfidie, comme des êtres sans foi, sans probité, sans conscience, uniquement occupés de la perte de notre sexe ; puis, quand les conseils de la nature viennent corriger ceux de l'éducation, les jeunes filles sont très-surprises que ces monstres-là ne leur inspirent point du tout des sentiments d'horreur.

La nièce de madame de Frontenac sourit.

Je l'embrassai de nouveau. Décidément, mes doctrines commençaient à lui faire beaucoup d'impression.

— Pour en revenir au point où j'en étais tout à l'heure, Clotilde, ajoutai-je en caressant sa douce main blanche, qu'elle avait posée dans la mienne, vous devez comprendre que les obstacles soulevés par les familles n'empêchent pas l'amour d'aller droit son chemin. Rien ne l'arrête ; il brise toutes les barrières et surmonte les difficultés les plus grandes. Je gage qu'Albert de Perceval a trouvé moyen de vous voir jusque chez votre tante?

— Pas encore, dit-elle; mais il m'écrit.

— Voyez-vous, Clotilde!

— Oh! je ne vous cacherai rien. Tenez, voilà ses lettres.

Elle les tira de son corsage et les mit sur mes genoux en rougissant de nouveau. J'en ouvris quelques-unes afin de les parcourir. Clotilde me regardait, palpitante, et cherchait à deviner sur mon visage l'impression que me causait cette lecture.

— Eh mais, dis-je après une pause assez longue et en déployant de nouvelles missives, il y a là beaucoup de cœur, une passion sérieuse et des raisonnements très-justes. Quel âge a-t-il, ce jeune homme?

— Vingt ans.

— Comment donc! il montre, Dieu me pardonne, la logique et la maturité d'esprit d'un homme de trente... Oui, toutes ses phrases portent; elles ont du cachet. Il s'indigne contre le despotisme de sa famille et vous supplie de lui confier votre bonheur... Que vois-je... Ah! par exemple, ceci ne rentre plus dans mon système... Un prêtre de Saint-Sulpice, gagné par lui, vous unira secrètement... Gardez-vous en bien, ma chère! n'acceptez jamais une proposition semblable.

Ses joues se couvrirent de pâleur.

— Vous m'effrayez, murmura-t-elle.

Je lui rendis le paquet de lettres et j'ajoutai :

— L'amour, sachez-le bien, Clotilde, est une flamme qui demande toujours un aliment nouveau. Cessez de le lui fournir, elle s'éteint. Or qu'est-ce que le mariage ? C'est la disette de toutes les affections, la famine du cœur. Quand on s'aime véritablement, on s'en éloigne comme d'un abîme.

— Ah ! mon Dieu s'écria-t-elle avec angoisse.

— Voilà pourquoi je ne me suis pas mariée, ma chère ; voilà pourquoi je ne me marierai jamais.

Son effroi parut se calmer tout à coup. Elle réfléchit une minute et me dit avec candeur :

— C'est peut-être que vous n'avez aimé personne ?

— Pardonnez-moi, Clotilde.

— Et celui que vous aimez, vous le refusez pour époux ? Alors vous devez le rendre bien malheureux.

— Au contraire. Écoutez-moi, chère belle ; car vous sortez d'un couvent, voilà ce qu'il y a de terrible. On y élève les jeunes filles au point de vue de la fin du monde ; c'est pourquoi vous comprenez un peu de travers. Mais vous êtes trop jolie, trop éveillée, trop spirituelle, pour que je n'efface pas les sottes maximes dont on vous a meublé le cerveau. Le monde, ma bonne Clotilde, est loin de ressembler à la peinture qu'on vous en a faite. Ce n'est point une sorte de casier, où chacun a sa place et accomplit péniblement ce qu'il appelle son devoir. Le monde est comme un grand jardin, stérile d'un côté, rempli de ronces et de plantes amères, et de l'autre, verdoyant, fleuri, doux au regard et doux au cœur.

Elle rapprocha son siége, plaça de nouveau ses mains entre les miennes et pencha vers moi sa belle tête attentive.

— Il ne s'agit, mon enfant, que de choisir le côté que l'on

préfère. Aimez-vous le mariage, allez du côté triste, dépouillé, monotone : des cailloux plein le chemin, des fondrières à chaque pas, des peines, des tourments, l'esclavage. Préférez-vous au contraire la liberté du cœur, un Éden enchanté s'offre à vos regards. A vous tous les trésors de l'amour, les mille enivrements de la volupté, les mille caprices de la fantaisie, toutes les joies de la terre sans les douleurs, tous les plaisirs sans la souffrance, tous les droits à la félicité sans aucun des nœuds qui vous enchaînent pour la vie.

— Oh! comme vous parlez bien! murmura Clotilde.

S'appuyant sur mes genoux et me regardant avec une admiration naïve, elle ajouta :

— Quelle différence avec les tristes sermons qu'on nous faisait aux Carmélites!

— Eh! ma chère, ces gens-là n'entendent rien à la philosophie du bonheur. Ils ne tiennent compte ni de nos passions, ni de nos tendresses. Mais, soyez tranquille, vous êtes entre bonnes mains. Et d'abord, comme vous savez où répondre à M. de Perceval, vous allez lui écrire que nous irons, dès demain, chaque après-dînée, nous promener au Cours.

— C'est cela! cria-t-elle en se levant toute joyeuse.

— Et vous prendez avec lui des mesures pour échapper le plus tôt possible aux mauvais procédés de votre tante.

— Mais comment? demanda-t-elle.

— Nous verrons, écrivez toujours.

Le lendemain, nous allâmes à la promenade, et mes jeunes amoureux se rencontrèrent. Jugez de leurs transports et de leur ivresse.

Albert de Perceval était un beau cavalier, qui ne devait pas en être à son premier amour. Cela se voyait à sa mine et à son assurance. Il avait de l'acquit, de la science du monde, et me connaissait beaucoup de réputation, mieux instruit en cela que Clotilde, qui n'avait jamais entendu parler de moi.

Ma chère élève marchait donc à grands pas dans la route que je lui traçais.

Je continuais d'avoir sa confiance absolue. Si elle ne cédait pas encore à la passion d'Albert, c'est grâce aux obstacles que je faisais naître moi-même, afin de rendre l'attachement du jeune homme plus durable.

Au milieu de notre bonheur, de nos douces promenades et de nos belles amours, survint tout à coup un motif de chagrin terrible. Madame de Fiesque reçut une lettre, où la tante de Clotilde lui mandait que son retour à Paris serait avancé de trois semaines. Que devenir? Sa malheureuse nièce était au désespoir. Lorsqu'elle apprit à son amant ce retour fatal, ils ne parlèrent de rien moins que de s'enfuir l'un et l'autre au bout du monde pour échapper à madame de Frontenac.

J'ai bien souvent remercié Dieu de la pensée qui me vint alors.

La famille d'Albert de Perceval était d'une grande noblesse, mais d'une fortune médiocre, et le jeune homme avait par conséquent peu de finances à sa disposition. Je ne voulais pas exposer ma protégée à tomber avec lui dans la détresse. Au lieu de les laisser partir ensemble, comme ils étaient disposés à le faire, je remis ce départ au jour suivant. Puis je me hâtai de conduire Clotilde rue des

Tournelles, car sa tante devait arriver le soir même. Revenue au Luxembourg, je dis, en riant, à madame de Fiesque :

— La tourterelle a trouvé son tourtereau. Ils se sont envolés.

— Bien sûr? me demanda-t-elle avec un frémissement de joie qui me parut étrange, et que j'eus la sottise de prendre pour un témoignage du vif intérêt qu'elle semblait porter à Clotilde.

— Oui, répondis-je, elle a brisé sa chaîne; elle court les champs avec un amoureux. Si son aimable tante la rattrape, il y aura de la malice.

— Justement la comtesse arrive... nous allons rire... Venez, venez, s'écria madame de Fiesque.

Elle me conduisit à la chambre de Mademoiselle, écarta précipitamment la portière de velours; puis, sa main crispée s'attachant à mon bras, elle me fit entrer avec une sorte de violence, en criant de nouveau :

— Venez, mais venez donc!

Lorsque j'eus franchi le seuil, je reconnus tout d'abord notre voyageuse de Touraine. Elle parlait à la princesse avec une animation extraordinaire et des éclats de voix furieux.

— Ne cherchez pas Clotilde, dit madame de Fiesque, qui me tenait toujours le bras et paraissait craindre que je ne lui échappasse : mademoiselle de Lenclos s'est chargée, pendant votre absence, de lui prêcher un système de morale que l'élève est en train de mettre en pratique.

— Expliquez-vous, dit Mademoiselle : que signifie ce discours!

— Quoi! Votre Altesse ne comprend pas? On avait laissé chez vous, dans ce palais, une jeune fille sage, chrétienne; et l'aimable personne, ici présente, a trouvé moyen d'en faire une dévergondée, une coureuse...

— De Clotilde! cria madame de Frontenac. Où est-elle? le saurai-je enfin?

— Voyons, répondez!... c'est à vous de répondre, me dit son hypocrite compagne, dont les yeux étincelaient de haine, et qui me regardait avec un sourire de démon. Vous préférez vous taire?... Alors je parlerai, moi! je dirai la vérité : vous avez corrompu Clotilde; vous avez flétri l'innocence de cette malheureuse enfant; elle vient de partir avec un séducteur...

— Ma nièce!

— Ah! miséricorde! est-ce possible? dit Mademoiselle, joignant les mains.

— Oui, oui! vous pouvez me croire.

Il y eut pendant dix minutes une foule d'exclamations, toutes plus humiliantes pour mon amour-propre les unes que les autres.

— Eh! bon Dieu, reprit l'abominable comtesse en me toisant par-dessus l'épaule et en me désignant du doigt avec le dernier mépris, qu'attendiez-vous autre chose de la Ninon?

— Madame! criai-je, ne me possédant plus d'indignation et de colère.

— Je ne vous fais pas l'honneur de vous adresser la parole, taisez-vous? interrompit-elle sans que je pusse m'opposer à ce comble d'audace. La princesse était assez faible pour vous porter de l'affection; j'ai voulu lui faire connaître ce dont vous êtes capable, et je l'ai engagée à vous appeler ici, sûre que vous ne tarderiez pas à y apporter le scandale. Aussi elle vous chasse, entendez-vous? elle vous chasse et vous défend de jamais reparaître en sa présence.

Là-dessus, et sans que Mademoiselle daignât dire un seul mot qui désavouât l'outrage, elles se retirèrent toutes les trois ensemble, me laissant confondue de douleur et de honte. Je restai sur le fauteuil où j'étais assise, la tête entre mes deux mains, et sanglotant avec amertume.

Au bout d'une minute, madame de Fiesque, revenant seule, entrouvrit la porte et me cria :

— Qu'en pensez-vous? Ai-je conduit habilement les choses? Me suis-je bien vengée?

Je me levai, frémissante.

— Oh! lui dis-je, vous êtes une misérable et une infâme!

— Un instant, répondit-elle: ne donnez pas, s'il vous plaît, aux autres les noms qui vous appartiennent. Vous ne connaissez pas encore tout votre crime. La jeune personne à qui vous avez conseillé la débauche et dont vous venez de faire une femme perdue... comme vous... comme la Ninon... cette jeune personne n'est pas la nièce de madame de Frontenac.

A ces mots, qu'elle me jetait un à un, pour mieux jouir de mon angoisse, je sentis un frisson me traverser le cœur. La figure de la comtesse était effrayante. Je n'ai jamais vu joie plus infernale et plus hideuse.

— C'est ta fille, Ninon de Lenclos? cria-t-elle; c'est ta fille, entends-tu!... Voilà ma vengeance!

Je tombai à deux genoux et comme foudroyée sur le parquet. Madame de Fiesque avait refermé la porte.

VI

Que se passa-t-il en moi? Je l'ignore, et je n'arriverai jamais à rendre les sensations qui m'agitèrent à cette révélation fatale. Tout ce que je puis dire, c'est qu'une voiture me jetait une heure après cette scène, à la porte de ma maison de la rue des Tournelles.

Je montai rapidement à la chambre où j'avais laissé Clotilde.

M. de Perceval venait d'entrer quelques secondes avant moi. Il était aux genoux de sa maîtresse, à lui embrasser les mains avec extase, à lui tenir les discours les plus tendres. Je les séparai violemment, et je criai, la tête perdue:

— Que faites-vous là, monsieur? qui vous a donné le droit de pénétrer dans ma demeure, et de parler à cette jeune fille hors de ma présence?

— Mais, mademoiselle, balbutia-t-il...

— Sortez à l'instant même! je vous l'ordonne.

— Qu'y a-t-il donc?... En vérité, je ne comprends pas...

— Sortez, sortez, vous dis-je! et si jamais vous revoyez Clotilde que ce soit devant un prêtre.

Ils me regardaient l'un et l'autre avec stupeur. J'étais entre eux, debout, haletante, éperdue, comprimant à deux mains ma poitrine, que soulevaient les sanglots, cherchant à réunir deux idées ensemble, et sentant que mon cerveau se brisait.

— Bonté divine !... parlez... Il est donc arrivé un malheur ? murmura Clotilde, saisie d'effroi.

Sa main tremblante pressait la mienne. Nos regards se rencontrèrent. Je jetai un cri perçant, je l'attirai dans mes bras avec délire ; je lui baisai le front, les yeux ; j'essuyai de mes lèvres des larmes qui descendaient le long de ses joues, et je lui dis en montrant Perceval :

— Mon enfant, ma chère enfant, garde-toi de l'écouter davantage ; ne crois pas à ses discours... Il veut te séduire... Tu serais perdue ; tu serais perdue.

Comme Albert ne s'en allait pas, je lui intimai de nouveau l'ordre de quitter la place. Il posa son feutre sur sa tête d'un air résolu et s'assit dans un fauteuil.

— Oh! je vous en conjure, dit Clotilde, épargnez-le. Comment, hélas ! a-t-il pu mériter votre colère ? Je ne comprends rien à votre trouble ni à vos discours. Pourquoi le chasser, pourquoi nous empêcher de nous voir, quand vous m'avez dit vous-même ?...

— Tais-toi !... je mentais, j'étais folle.

— Vous mentiez ?

— Ou plutôt, non... je désirais t'éprouver, Clotilde... oui, je le jure, c'était une épreuve. Mais il faut que tout ceci ait une fin... Tu garderas ton innocence, je le veux ; et je saurai bien empêcher la séduction de s'introduire ici pour égarer ton cœur.

— Vraiment, dit Perceval avec ironie, je tombe de surprise en surprise. Est ce bien mademoiselle de Lenclos qui a prononcé les paroles que nous venons d'entendre ?

— C'est bien elle, du moins, qui vous a donné l'ordre de sortir.

— Ah! permettez... Vous prenez maintenant la défense de la vertu; vous venez combattre mon amour après l'avoir encouragé... Ceci est au moins étrange, pour ne rien dire de plus, et j'ai le droit...

— Partez, au nom du ciel, point d'explication, murmurai-je, frémissant à la tournure que prenait l'entretien.

— J'ai le droit, mademoiselle, de trouver vos paroles incompréhensibles et vos scrupules un peu tardifs. La morale dans la bouche de Ninon...

— Monsieur! interrompis-je avec un accent de colère.

— Eh! mademoiselle, pas tant d'éclat! Suis-je le diable? cette maison est-elle un couvent?

— Cette maison, je vous ordonne de la respecter, car elle abrite aujourd'hui l'innocence.

— Peste! fit-il, qui doit en être surprise? c'est l'innocence.

— Mais, monsieur, de pareils discours...

— Ah! ah! le fait est que cette pauvre innocence n'eût jamais choisi d'elle-même un logement semblable. Du reste, puisqu'il vous prend une envie si brusque de protéger la vertu de Clotilde, il est bon de lui dire quel nombre prodigieux d'amants illustres ont traversé votre demeure.

— Pour Dieu, taisez-vous, murmurai-je en m'approchant de Perceval.

Il ne m'écoutait pas.

— La liste m'est présente, continua-t-il, et je puis la citer tout entière. Nous avons d'abord les Coligny, les

Marsillac, les Sévigné, les d'Effiat, les Gourville, les Clérembault, les Saint-Évremond, les Condé!... J'intervertis peut-être l'ordre dans lequel ils sont venus, mais vous êtes maîtresse de le rétablir.

— Assez! grâce!

— Eh! pourquoi ne pas achever la liste? Voulez-vous que j'oublie Charleval, d'Estrées, Villarceaux, Briole, Fiesque, Duras, Navailles, Vassé, Choiseul, et tant d'autres.

— Monsieur, monsieur, c'est horrible!

Je sentais une sueur froide inonder mes tempes. Instinctivement, Clotilde retirait sa main de la mienne et s'éloignait de moi.

— Oh! dis-je à Perceval avec un accent de désespoir qui le fit tressaillir, vous ne voyez donc pas tout le mal que vous me faites!

Le malheureux venait de m'ôter à tout jamais le droit de dire à Clotilde : « Je suis ta mère! »

— Vous m'avez forcé, me répondit-il, à vous tenir ce langage.

— Oui, j'en conviens... Je ne puis pas même vous rendre insulte pour insulte; je ne puis pas vous dire que vous mentez... non!... C'est la vérité que vous dites, la vérité que chacun a le droit de me jeter au visage, la vérité dont j'ai honte aujourd'hui pour la première fois, parce que cette jeune fille est là, parce qu'elle vous entend, parce que je vois sa rougeur.

Et, laissant tomber mon visage entre mes mains, je fondis en larmes.

Albert sentit qu'il avait été trop loin. Il essaya de m'adresser quelques excuses : mais, relevant aussitôt la tête, je lui montrai la porte avec un geste si impérieux, qu'il sortit enfin et nous laissa seules.

— Clotilde, ma douce et chère enfant, m'écriai-je, oh! n'ayez pas trop de mépris pour moi, je vous en conjure... Votre main, rendez-moi votre main ; ne vous éloignez pas de la sorte... Vous me pardonneriez, si vous saviez l'horreur que ma vie m'inspire.

Je lui ouvris mes bras; elle vint s'y jeter, et nous confondîmes nos larmes.

— Embrasse-moi, lui disais-je, embrasse-moi toujours.

— Vous lui pardonnez? me demanda-t-elle avec émotion. Le chagrin l'a rendu injuste... pauvre Albert !... Aussi vous l'aviez traité bien durement.

— Oui, Clotilde... pour qu'il apprenne à respecter celle qui doit être sa femme.

— Ah! mon Dieu! que dites-vous?

— Il t'épousera, je le jure, il t'épousera, m'écriai-je, en la pressant avec délire sur mon cœur et en baisant les boucles de ses beaux cheveux.

— Sa femme!... Il me semble que je fais un rêve.

— Et moi, je me réveille, Clotilde, assez tôt pour te sauver... J'en rends grâce à la Providence. Oh! que ceci te serve d'exemple et t'apprenne à n'écouter jamais la voix des passions, à ne prendre conseil que de la vertu. Dans la vertu seule on trouve le contentement, le bonheur, l'estime de soi-même et la vraie liberté.

— Mais, dit-elle avec une stupéfaction profonde, plus je vous écoute et plus vos discours...

— Te semblent différents, n'est-ce pas, de ceux que j'ai tenus jusqu'à cette heure?... Encore une fois, c'était une épreuve... Oh! crois-moi, ne te laisse pas entraîner par les faux plaisirs. Ne prends pas les erreurs de la volupté pour les seuls bien de ce monde; car alors s'ouvrirait pour toi l'abîme que j'ai vu se creuser sous mes pas; alors arriverait le déshonneur qui s'attache à votre front comme un sceau d'infamie.

— Ciel! vous me glacez d'épouvante.

— Au commencement on dévore ses insultes, on boit ses pleurs, et peu à peu on s'habitue à la honte... Que dis-je? on relève audacieusement la tête, on se fait un orgueil étrange, on se pare de ses vices, on se glorifie de sa chute. Puis vient le jour où l'on voudrait éloigner ce calice d'opprobre et racheter ses torts avec tout son sang... mais il est trop tard! Il faut vider la coupe, dût-elle se briser sur vos lèvres... Ah! crois-moi, chère enfant, crois-moi; fuis ces plaisirs qui tuent, ces passions qui avilissent, cet amour qui dégrade.

Nos larmes redoublaient. Clotilde avait jeté ses deux bras à mon cou et me disait au milieu de ses sanglots:

— Parlez, parlez encore... Oh! ce n'est plus votre esprit que j'entends, c'est votre cœur.

— Heureuse fille! tu es pure, toi; tu n'as pas à rougir. Sais-tu que c'est un affreux supplice de rougir devant ceux qu'on aime? Je le comprends aujourd'hui mieux que jamais en ta présence.

— Taisez-vous, taisez-vous.

— Ah! qu'il est digne d'envie, le sort de la femme qui ne s'est jamais écartée des sentiers du devoir! Comme elle marche environnée de respect et d'estime! Elle a des amis, une famille... tu ne sais pas ce que c'est qu'une famille, mon enfant?

— Hélas! vous avez raison, je l'ignore.

— Ta mère n'a pas veillé sur ton enfance... Elle a mieux aimé se livrer aux folles dissipations, aux vains plaisirs... Elle est bien coupable, ta mère!

— Non, non! je demande à Dieu de la connaître.

— Si tu devais la retrouver honorable et pure, je le comprends; mais tout prouve qu'elle a méconnu cette douce félicité de la famille dont je te parlais tout à l'heure... ou qu'elle n'y avait pas droit, Clotilde. La famille, c'est le calme dans la vie, c'est l'affection paisible et sans remords; c'est l'amour sans regrets, sans amertume; et la véritable famille n'existe que dans le mariage. Là seulement on goûte en repos et avec orgueil les saintes joies de la maternité. Oh! pouvoir à toute heure, à toute minute, devant tous, embrasser son enfant, sans lui laisser au front un stigmate d'opprobre! lui dire qu'on l'aime, guider ses premiers pas dans le monde, préparer son avenir... Clotilde, ma chère Clotilde, ne t'expose jamais à perdre ce bonheur!

— Je vous écoute, s'écria-t-elle, je vous écoute avec délice... Oh! oui, c'est bien la vérité que vous me dites maintenant; je le sens aux battements de mon sein, je le sens à mes larmes.

— Tu suivras tous mes avis, Clotilde?

— Je vous le jure.

— Tu ne reverras plus Albert qu'au pied de l'autel?

— Non... mais, en me promettant tout à l'heure que je serais sa femme, vous perdiez de vue les obstacles...

— Tais-toi! Ce mariage se fera, parce que c'est le seul moyen de réparer ma faute, parce que je le veux enfin.

Elle m'embrassait avec un élan inexprimable. Ses caresses m'étaient douces et cruelles à la fois, car à chaque instant venait sur mes lèvres un nom que chassait aussitôt le remords.

J'ai oublié de dire qu'Albert de Perceval était cousin de madame de Montausier. Leurs deux familles se trouvaient unies fort étroitement. Donnant l'ordre à un de mes domestiques de monter à cheval sans plus de retard, je l'expédiai à Versailles avec une lettre. Madame de Montausier avait été nommée par le roi gouvernante des enfants de France.

Je ne me sentais pas la force de faire le voyage, et je la suppliais de venir, en termes si pressants, que je ne doutais pas de sa diligence à répondre à mon appel.

En effet, elle arriva le soir même.

Laissant Clotilde dans sa chambre, j'allai recevoir la duchesse au salon.

— Mon Dieu! me dit-elle en accourant à moi, que vous m'avez donné d'inquiétude! Il régnait dans votre lettre un trouble, un désordre de pensées... Que vous est-il donc arrivé, ma pauvre Ninon?

— Vous allez tout savoir, lui dis-je, car vous êtes mon amie, mon amie sincère.

— Pourriez-vous jamais le mettre en doute?

— Non, je compte sur vous, sur votre dévouement, dont je suis certaine. Vous serez ma providence.

— Très-volontiers, mais de quoi s'agit-il?

— Ah! lorsque je vous aurai fait connaître mes torts, vous me mépriserez.

— Que dites-vous?

— Ma conduite a été si différente de la vôtre. De toutes les vertus qui vous distinguent, l'amour maternel n'est pas la moins précieuse. Vous prodiguez à vos enfants les trésors d'une inaltérable tendresse.

— Oui, mais je ne m'en fais pas un mérite : c'est le premier plaisir et le premier devoir du cœur.

— Ah! rien que par ces paroles vous m'obligez à rougir.

— Ninon,... des larmes!... Qu'y a-t-il? parlez, je vous en conjure.

— Il y a que moi, créature insensée, femme coupable et légère, dont la vie se passait au milieu d'un étourdissement continuel, j'avais aussi un enfant... une fille, qui, dans l'espace de dix-sept années, n'a pas eu de moi une caresse, un sourire, et dont j'oubliais jusqu'à l'existence... Oui, je le dis à ma honte, j'avais oublié que j'étais mère.

— Je vous en prie, ma chère Ninon, calmez-vous.

— Attendez, ce n'est pas tout mon crime. Ma fille et moi, nous nous sommes rencontrées, ignorant l'une et l'autre les liens qui nous unissaient. Elle était belle comme la Vierge des cieux, naïve et candide comme l'ange de la pudeur... et je ne me suis pas émue, et ma poitrine n'a pas bondi, et le sang n'a pas crié!...

— Ce n'est point en cela que vous pouvez être coupable.

— Non... mais savez-vous ce que j'ai fait, moi misérable, moi maudite? Je lui ai prêché des maximes perverses, j'ai terni par un souffle impur le chaste miroir de son âme.

— Ah! ma pauvre Ninon, ne pleurez pas ainsi... votre désespoir me fend le cœur.

— Lorsque j'ai su que c'était ma fille, jugez de mes remords et de mon épouvante. Comprenant toute l'étendue de ma faute, j'ai juré de la réparer, quoi qu'il m'en coûte... Mais avouez que je suis bien malheureuse!

— Moi qui vous croyais en repos dans votre philosophie, dit la duchesse, moi qui enviais presque votre sort...

— Taisez-vous! si, à l'âge de quinze ans, on m'eût proposé une pareille vie, je me serais pendue. Je cherchais à me tromper, à m'étourdir. Et puis je n'avais rien auprès de moi qui éveillât le remords, je n'avais pas d'affection pure et sainte qui me fît comprendre le vide des faux plaisirs. Aujourd'hui que cette affection se présente, j'en suis indigne, et je dois comprimer les élans de mon cœur pour échapper au mépris.

— Ah! ne proférez pas ce mot. Vous êtes admirable dans votre repentir. Il est permis de tomber, quand on se relève comme vous, et aux yeux mêmes de votre fille...

— Non! non! Je puis être tout pour elle, une compagne, une amie, une sœur... mais une mère, jamais! Il n'y a pas de piété filiale sans estime.

Apprenant alors à madame de Montausier l'amour d'Albert de Perceval et de Clotilde, je la suppliai de me venir en aide pour vaincre les obstacles qui empêchaient leur union.

Elle me le promit, en m'embrassant avec tendresse.

J'ajoutai que je donnerais pour dot à Clotilde ma terre de Touraine, qui valait trois cent mille livres. Cette considération ne contribua pas médiocrement à lever les scrupules des parents d'Albert. On sollicita des dispenses à l'archevêché, et, huit jours après, ma fille épousa l'homme qu'elle aimait.

Dès lors, j'eus un énorme poids de moins sur le cœur.

On ne me vit point aux fiançailles. Madame de Montausier ne s'écarta nullement de mes instructions; mon notaire eut le mot d'ordre, et chacun put croire que Clotilde était le rejeton d'une famille illustre. La richesse de la dot fit aisément fermer les yeux sur le mystère qui entourait sa naissance. Seulement j'avais donné le conseil que le mariage se fît aussi obscurément que possible, hors de Paris, et que les jeunes époux voyageassent deux ans à l'étranger.

De cette façon, mes ennemies du Luxembourg ne pouvaient les rencontrer de sitôt et troubler leur douce ivresse.

Je n'ai revu, depuis, Clotilde qu'à de rares intervalles. Chaque fois j'ai eu le courage d'étouffer les battements de mon cœur, pour l'empêcher de rougir de sa mère.

Tous ces événements m'avaient porté un coup trop sensible.

Ma santé s'altéra. La bonne duchesse, dont l'amitié compatissante venait de dénouer si heureusement cette triste histoire avec ma fille, voulut à toutes forces m'emmener à Saint-Cloud, où la cour allait passer un mois. J'avais besoin de ses consolations et de ses tendres discours pour me remettre en paix avec moi-même et avec ma conscience.

Ainsi voilà donc où devait aboutir cette belle philosophie épicurienne, dont j'avais toujours fait parade!

Moi qui voulais entrer en lutte avec la sagesse des siècles et composer un cours de morale à mon usage, moi dont les théories semblaient si victorieuses, je me voyais forcée de reconnaître mes torts. La vérité venait de me saisir à l'improviste, fatalement, comme un rayon de soleil qui éclairerait tout à coup les yeux d'un aveugle. Je comprenais enfin que je n'étais ni un philosophe ni un *homme*, ainsi que j'avais eu la prétention de l'être. J'étais tout simplement une femme et une mère.

La nature sait au besoin réduire à néant le sophisme; elle reprend toujours ses droits.

Je ne pouvais oublier, dans ces douloureuses circonstances, que j'avais un autre enfant, un fils qui devait entrer alors dans sa vingt-deuxième année, et dont, hélas! je m'étais aussi peu occupée que de la malheureuse fille qui avait failli me devoir sa perte.

Pour celui-ci, je savais heureusement où trouver sa trace : il suffisait de m'informer de la demeure actuelle du marquis de Gersay. Bientôt j'appris qu'il vivait retiré dans sa terre de Bretagne. Je lui écrivis en toute hâte. Sa réponse me causa la joie la plus vive.

« Notre fils, me dit-il, est un noble et beau garçon, plein d'intelligence et de cœur. Je l'ai reconnu et légitimé. Si vous voulez me promettre de ne jamais lui révéler le secret de sa naissance, je vous le conduirai au commencement de l'automne. Il manque un peu de monde, et, comme votre cercle, dit-on, réunit toujours la plus brillante société de Paris, vous pourrez me venir en aide. A nous deux nous en ferons un homme accompli. »

J'arrosai de mes pleurs cette heureuse lettre.

— Mon fils, je pourrai le voir !

« Un noble et beau garçon, plein d'intelligence et de cœur, » mille fois je relus cette phrase et je la couvris de baisers ; il me semblait que j'embrassais mon fils.

Au moment où j'etais encore chez la duchesse de Montausier, le roi, contre tout espoir, céda aux instances réitérées de Mademoiselle.

Pour le presser davantage, elle avait déclaré qu'elle ne sortirait point du Luxembourg qu'on ne lui eût accordé sa demande. Ne voulant pas condamner sa cousine à une prison éternelle, Louis XIV donna son consentement au mariage avec M. de Lauzun. La fille de Gaston vint l'en remercier à Saint-Cloud.

J'eus soin de ne pas m'offrir à ses regards, ni à ceux des indignes comtesses, dont la vue ne pouvait que réveiller une douleur mal éteinte.

Il faisait beau voir Lauzun après son triomphe. Jamais homme ne fut plus bouffi d'orgueil ; il se croyait aussi haut que les tours de Notre-Dame, ne saluait plus personne, excepté le roi, et disait que, pour la célébration de son mariage, il voulait des pompes et des réjouissances capables d'émerveiller l'Europe entière.

En cela M. de Lauzun ne fut qu'un sot. Le rêve était si brillant, et, disons-le, si impossible, qu'il devait craindre le réveil.

Ayant la parole du roi, les dispenses de l'archevêque en poche, le plus sûr était de se hâter et de ne pas laisser à Louis XIV le temps de réfléchir. Point... Notre homme persiste à éblouir l'univers ; il continue à vouloir donner à son hymen un éclat fabuleux.

Durant ces absurdes préparatifs, une idée germe dans le cerveau de madame de Montespan.

Tous les neuf mois environ elle gratifiait Sa Majesté d'un nouveau fruit de son amour. C'était grave. Les enfants du plus glorieux monarque du monde ne pouvaient rester sans apanage et sans avenir. Quelle dotation va-t-on donner au jeune duc du Maine, au petit comte de Toulouse et à tous les autres (1)? Passe encore qu'on ne s'occupe pas des enfants de la Vallière, mais des siens! Ne vaudrait-il pas mieux que Mademoiselle ne se mariât point et distribuât, soit par testament, soit par dons entre-vifs, son immense fortune à messieurs les bâtards royaux? N'est-ce pas une grande sottise de laisser aller cette fortune à M. de Lauzun? Si le beau dragon veut absolument épouser quelque chose, eh! bon Dieu, qu'il épouse madame la duchesse de la Vallière! C'est encore un trop grand honneur pour lui.

La force et l'à-propos de cette logique frappèrent Louis XIV.

Il retira brusquement sa parole, à l'heure où M. le colonel général des dragons n'avait encore imaginé qu'une médiocre partie des fêtes somptueuses qu'il réservait à la cour. Quand on vint lui annoncer le changement d'avis du monarque, il était en train de commander à M. de Benserade les paroles d'un ballet mythologique où toutes les divinités de l'Olympe devaient paraître tour à tour et le féliciter de son bonheur.

(1) Elle eut huit enfants de Louis XIV.
                    (*Note des Éditeurs.*)

Jugez du désenchantement.

La fiancée ne peut croire à ce manque de foi. Mais son cousin le lui confirme et ne semble ému ni de ses pleurs ni de son désespoir. M. de Lauzun s'emporte. Il jette feu et flammes contre madame de Montespan, l'accuse de son désastre, crie tout haut ce que chacun dit tout bas, et se fait, au bout du compte, envoyer bel et bien au château de Pignerol. D'Artagnan, lieutenant aux gardes, eut mission de l'y conduire.

Personne ne plaignit cet ambitieux.

On n'eut pitié que de la pauvre Mademoiselle, victime de l'avidité d'une maîtresse royale, et dont une maudite étoile poursuivait impitoyablement tous les rêves de mariage.

Mais bientôt on ne parla plus ni de M. de Lauzun, ni de la fille de Gaston, ni de leur hymen avorté.

Une catastrophe terrible vint plonger la cour dans la consternation et le deuil. La brillante Henriette d'Angleterre, épouse du duc d'Orléans, et belle-sœur du Roi, se sentit altérée, un soir qu'elle était à respirer le frais avec d'autres dames au balcon principal du château de Saint-Cloud.

Elle dit à l'une des filles d'honneur présentes d'aller demander un verre d'eau de chicorée à son apothicaire.

Celui-ci arrive, au bout de quelques minutes, avec une timbale de vermeil, qu'il présente à Madame. Mais à peine a-t-elle bu, qu'elle est prise de coliques atroces et s'écrie :

— Je suis empoisonnée !

Grand trouble et grande rumeur. On s'empresse autour d'elle, ses femmes la délacent, on la couche sur le premier lit qui se rencontre. Toute la cour arrive et se regarde avec épouvante. Madame devenait livide, ses membres s'agitaient dans un tremblement convulsif. Le mal, à chaque seconde, allait empirant, et toujours elle criait :

— Du poison ! j'ai bu du poison !

Louis XIV entend ces cris ; il se hâte d'accourir, et fait appeler tous ses médecins, qui examinent la malade, lui tâtent le pouls, deviennent pâles eux-mêmes, et ne savent que répondre.

— Mais enfin qu'a-t-elle ? s'écria le roi ; parlez !... il est affreux de laisser mourir une femme ainsi, sans lui donner le moindre secours.

Les médecins se consultaient du regard.

Ils paraissaient de plus en plus atterrés et ne disaient mot.

Cependant Madame faisait des efforts inouïs pour vomir ; elle criait qu'on lui donnât de l'émétique. Alors seulement M. Valot, premier médecin, prit la parole et déclara que l'émétique serait dangereux. La princesse était atteinte, selon lui, de la colique appelée *miserere* ou *choléra-morbus*. Bref, ils ne dictèrent aucune ordonnance.

Vers trois heures après minuit, Madame expira.

Le médecin de l'âme remplit du moins son devoir plus dignement que les médecins du corps. Appelé auprès du lit de la mourante, M. l'abbé Bossuet lui adoucit par ses pieuses consolations le passage de cette vie à l'éternité.

Ce fut lui qui prononça, le surlendemain, l'oraison funèbre.

« Madame se meurt ! Madame est morte ! » Il me semble l'entendre encore jeter du haut de la chaire chrétienne ces paroles terribles. Louis XIV et tous ses courtisans frissonnaient devant le catafalque.

Ici, je n'ose, en vérité, tout dire, et pourtant c'est en quelque sorte un devoir. Monsieur était au plus mal avec sa femme. Il témoignait au chevalier de Lorraine une affection tellement scandaleuse, que le roi crut devoir mettre un terme à des désordres aussi publics que honteux. Frappé d'une sentence d'exil, le favori accusa la duchesse d'Orléans de sa disgrâce, et se livra contre elle aux menaces de vengeance les plus horribles. Madame Henriette ne fit qu'en rire.

Pauvre femme! elle eût dû peut-être se défier davantage, et se tenir sur ses gardes.

La veille de sa mort, on vit un homme couvert d'un long manteau et portant un feutre rabattu sur les yeux, rôder dans le parc de Saint-Cloud, et s'entretenir avec la valetaille des offices. Beaucoup de personnes affirmèrent avoir reconnu le chevalier de Lorraine.

Tout cela, j'en conviens, ne constitue pas des preuves suffisantes; mais le chevalier était grand ami de M. de Luxembourg, et M. de Luxembourg fut compromis dans le procès de la Brinvilliers et de la Voysin, ces deux infâmes empoisonneuses auxquelles l'Italien Exili avait vendu ses recettes. Ne voit-on pas là-dessous un crime presque évident, une trame infernale?

Je n'accuse pas, je raconte. On jugera.

Il était rare que je quittasse l'appartement de madame de Montausier. Si quelquefois je me promenais dans le parc, c'était aux heures où d'ordinaire on n'y rencontre personne; et cependant, un soir, au détour d'une avenue, je me trouvai face à face avec mon ennemie mortelle, la comtesse de Fiesque. Elle donnait le bras à madame de Montespan.

La favorite courtisait avec assiduité toutes les femmes de Mademoiselle, afin de mieux la prendre au réseau de ses intrigues et de l'amener à sacrifier une bonne partie de sa fortune, pour obtenir la liberté de Lauzun.

Madame de Fiesque, en m'apercevant, devint blême de rage. Je la vis se pencher à l'oreille de sa compagne de promenade, et lui glisser rapidement quelques mots à voix basse.

Aussitôt madame de Montespan se tourna vers moi, me toisa d'un air dédaigneux et dit:

— La Ninon!... Qui donc ose amener cette femme à Saint-Cloud?

Il est impossible de rendre le ton d'impertinence orgueilleuse et de mépris outrageant avec lequel ces paroles furent prononcées. Moi qui ne manque pas habituellement d'esprit d'à-propos, et qui ai la réplique assez vive, je fus tellement saisie de l'imprévu d'une pareille offense, que je ne trouvai pas un mot à répondre. Elles disparurent avant que je fusse remise de ma stupeur.

« Cette femme! » elle n'a pas craint de dire : « Cette femme! »

Je sentais mon cœur bondir d'indignation, des larmes de colère inondaient mon visage.

« Cette femme! » Mais qu'est-elle donc elle-même, la misérable? Suis-je descendue jamais aussi bas qu'elle dans l'opprobre? ai-je trahi l'amitié? me suis-je glissée dans un lit royal par la ruse et par l'artifice? ai-je pris le manteau du mariage pour couvrir mes désordres?... Oh! je me vengerai, je me vengerai d'une façon cruelle!

Un éclair venait de me traverser l'esprit. Je savais où trouver Montespan.

VII

Le soir même, sans prévenir madame de Montausier de l'affront que j'avais reçu, j'inventai un prétexte pour retourner à Paris, et j'envoyai prier le Gascon de se rendre chez moi. Il arriva le lendemain de très-bonne heure.

— Ne pensez-vous pas, monsieur, lui dis-je sans autre préambule, que vous êtes un homme déshonoré?

— Moi? balbutia-t-il, et pourquoi donc?

— Trêve de subterfuges. N'essayez pas de mettre en avant un prétexte d'ignorance : votre femme est la maîtresse du roi.

— Ah! cadédis! si je m'en doutais...

— Pas un mot de plus, vous en êtes sûr.

Il se mit à jurer, à tempêter, à me faire mille serments plus grotesques les uns que les autres; mais je demande à les passer sous silence. Il est inutile de reproduire son affreux patois.

—Écoutez, monsieur, lui dis-je, vous prendriez à témoin le Christ et l'Évangile, que vous ne réussiriez à convaincre personne, ni moi ni d'autres.

Montespan parut accablé de honte. Je parlais de manière

à couper court à toute réplique. Recourant alors à la persuasion et à l'éloquence, je le sermonne, je le stimule, et j'emploie pour arriver à mon but les raisonnements les plus adroits.

— Si vous avez eu la faiblesse, lui dis-je, d'être complice de cette infamie, du moins est-il important pour votre honneur de donner le change au public.

— Oui, murmura-t-il ; mais de quelle manière, et comment m'y prendre ?

— Belle difficulté ! rien n'est plus simple.

— Parlez vite.

— Il suffira, pour vous mettre dorénavant à l'abri du soupçon, de faire un esclandre à votre femme devant toute la cour.

— Eh ! fit-il, j'en ai le droit.

— Mais un esclandre dans toutes les règles, un esclandre magnifique, au bout duquel chacun puisse vous croire désespéré de ce qui se passe.

— Oui, oui !... par la corbleu, vous n'avez pas tort.

Il accepte mon idée avec enthousiasme, entre complétement dans mes vues, et prend à l'heure même un fiacre pour courir à Saint-Cloud. Je le suis de près, afin d'aller savourer ma vengeance.

Depuis une demi-heure à peine j'étais rentrée chez la duchesse, lorsque j'entends par tout le château un bruit extraordinaire. Les domestiques vont et viennent ; des groupes de courtisans se forment dans les galeries. On se parle à voix basse, des rires étouffés se font entendre.

— Qu'y a-t-il ? que se passe-t-il ? demandent les nouveaux venus.

— Eh quoi! l'ignorez-vous? Montespan vient de souffleter sa femme en présence de la reine et des filles d'honneur.

— Allons donc!

— C'est positif... Un vrai soufflet de manœuvre. Elle en a vu tous les anges du Paradis.

— Mais le roi... que dit le roi de l'aventure?

— Il n'a pas osé faire arrêter l'époux.

— Voyez ce que c'est que la mauvaise conscience!

— Oui, pourtant! Ce diable de marquis s'en est donné à cœur joie. Après le soufflet, sont venues les injures et une kyrielle d'épithètes...

— Ah! ah! l'excellente aventure!

— Enfin Montespan s'en est allé, en disant que, dès ce jour, il citait Louis XIV au jugement de Dieu, pour lui avoir volé sa femme.

J'écoutais tous ces dialogues; le cœur me battait de satisfaction.

— A merveille! murmurai-je en me frottant les mains; prenez déjà cela, madame la marquise, en attendant le reste.

Toutefois je n'osai pas dire à la duchesse la part que j'avais prise à ce scandale. Je revins à Paris, où j'allai réjouir de cette bonne histoire la veuve de Scarron.

Françoise faisait ménage commun avec madame Arnoul. Celle-ci, comme je l'ai déjà laissé pressentir, ne dirigeait pas précisément dans les sentiers de la vertu l'ancienne maîtresse de Villarceaux. Après l'avoir excitée à de grandes dépenses de luxe et de toilette, elle lui démontra victorieusement que sa modeste pension de deux mille livres ne pouvait subvenir aux frais d'entretien du logis, de sorte que Phœbus d'Albret, comte de Miossens, un de mes anciens caprices, et le petit Villars furent obligés de payer les dettes.

Le ménage et l'amour allaient donc pour le mieux.

Mais tout à coup Phœbus et Villars se virent obligés de partir et d'accompagner Louis XIV dans la nouvelle guerre qu'il déclarait à la Hollande.

Ils se signalèrent l'un et l'autre à ce fameux passage du Rhin, dont nos poëtes firent si grand bruit, que le passage des Alpes et le passage du Rubicon doivent à tout jamais en être éclipsés dans l'histoire. Par malheur, madame Arnoul se montrait peu sensible à ce genre de conquêtes. Elle chercha pour Françoise et pour elle des affections moins belligérantes.

C'était, entre nous, une personne d'une grande laideur que la nouvelle amie de madame Scarron, ce qui ne l'empêchait pas d'être coquette à l'excès. Mais il est aussi difficile à une femme de savoir qu'elle est laide que d'ignorer qu'elle est jolie.

Du matin au soir, elle répétait à Françoise :

— Ma chère, nous sommes deux sottes, ou nous devons réussir à faire une fortune éclatante.

Puis, comme elle joignait à ses nombreux talents pour l'intrigue un brin de chiromancie, elle passait des journées entières à étudier les lignes de la main de sa compagne. Elle y découvrait des choses miraculeuses. Ou bien encore elle lui tirait les cartes, amenant des réussites on ne peut plus encourageantes, et lui prouvant par un as de cœur ou une dame de trèfle qu'elle serait reine un jour. Françoise prenait au sérieux toutes les prophéties de madame Arnoul. Elle l'appelait sa *sibylle*.

Moi, je haussais les épaules, et je regardais cela comme de franches sottises.

Je disais à la veuve du poëte :

— Eh! tu as trente-sept ans, ma bonne Françoise. Il faut te hâter, autrement tu n'épouseras qu'un vieux roi.

— Bah! me répondit-elle, vieux comme Priam ou David, que m'importe? pourvu que ce soit un roi.

Véritablement ces deux femmes me semblèrent un peu extravagantes, et je restai quelque temps sans les voir. J'allai rendre visite à Molière, dont j'avais appris que la santé s'altérait.

Son visage me parut effectivement décomposé, sa maigreur était extrême. Pauvre ami! la conduite de cette indigne Béjart lui donnait chaque jour plus d'affliction. Là seulement il fallait chercher la cause de son mal. Pour échapper à la violence de ses chagrins, il se livrait à un travail assidu. C'était le moyen de ne jamais se guérir. Je le suppliai avec larmes de se ménager davantage.

— Que voulez-vous, ma bonne Ninon? me répondit-il avec un triste sourire, entre deux maux il faut choisir le moindre : c'est un conseil que nous donne la sagesse des siècles, et je le mets en pratique. Souffrir de l'âme, souffrir du corps, j'aime encore mieux cette dernière souffrance.

Je quittai Molière, très-inquiète.

Au milieu de ces divers événements, je reçus de Bretagne une seconde missive. Le marquis de Gersay faisait tous ses préparatifs de départ. Sous quinze jours, sans remise, il devait être à Paris, et me présenter le chevalier de Villiers. C'était le nom qu'il avait donné à notre fils.

L'automne s'annonçait bien; la saison tout entière promettait d'être charmante. Je m'arrangeai pour avoir, à Picpus, une société nombreuse et choisie, et j'arrêtai un maître d'hôtel qui sortait de chez Colbert, afin d'attirer, par l'appât d'un bon dîner, ceux que l'amitié seule ne déciderait point à franchir cet interminable faubourg Saint-Antoine.

De ma vie je n'avais été plus heureuse.

Il y eut défense expresse de me faire la cour. Si, jusque-là, je m'étais montrée décente dans mon extérieur, je voulais être, cette fois, d'une sagesse absolue, et chasser de ma maison l'apparence même du scandale. Ne s'agissait-il pas de former mon fils, de lui faire connaître le monde, d'éveiller en lui les instincts délicats, de le façonner aux mœurs aimables, au bon goût, aux belles manières?

« Un noble et beau garçon plein d'intelligence et de cœur! »

Ces mots, que j'avais couverts de larmes et de baisers, je les embrassais encore pour tromper mon impatience. Je comptais les jours, ils me semblaient des siècles. Quelquefois il me prenait envie de courir la poste au-devant de Gersay.

Mais il m'avait recommandé de nouveau d'être prudente; il ne voulait pas que mon amour maternel se trahît.

La condition me paraissait bien dure.

Je maudissais mon triste passé, qui autorisait en quelque sorte le marquis à manifester une semblable exigence. Du reste, il était entré là-dessus dans quelque détails honnêtes. Sa seconde lettre me disait qu'ayant élevé le chevalier d'une façon digne et presque solennelle, il ne voulait pas anéantir d'un seul coup le fruit de ses leçons, en laissant voir que lui, Gersay, n'avait pas été dans sa jeunesse exempt des erreurs contre lesquelles il s'efforçait de prémunir son élève.

Il y avait beaucoup à redire à ce raisonnement, mais on ne me laissait pas le droit de discussion. Le marquis était homme à me séparer pour toujours de mon fils, dès que je me révolterais contre l'arrangement convenu.

Enfin ils arrivèrent. Ce fut le plus beau de mes jours.

Charles, ainsi se nommait le jeune chevalier, manquait un peu d'assurance ; mais son air timide et son embarras, au milieu d'une société nouvelle pour lui, n'étaient pas dénués d'une certaine grâce, qui le rendait intéressant et lui gagnait toutes les sympathies. Il avait un beau front, de magnifiques cheveux noirs, des yeux d'une expression à la fois douce et fière, une main fine et nerveuse, une taille élégante.

Rien, en un mot, n'était plus facile que d'en faire un cavalier de premier ordre.

Toutes les mères devinent ici combien fut pénible la lutte que j'eus à soutenir avec moi-même pour m'astreindre à une réception cérémonieuse, quand j'aurais voulu lui ouvrir mes bras et le presser avec transport sur mon cœur.

Le marquis se montrait impitoyable. M'observant sans cesse, il arrêtait d'un regard mes élans affectueux. Cela devenait un véritable supplice. Décidément je trouvai Gersay ridicule avec ses idées de puritain, et ses prétentions à se croire infaillible quand il décidait une chose ou prenait une mesure. Certaine de ne pas le faire changer d'avis, je recourus à la dissimulation et à la ruse pour rompre enfin cette barrière de glace qu'il élevait entre mon fils et moi. J'eus l'air d'entrer pleinement dans ses vues, d'accepter ses principes austères ; je donnai même des éloges à la haute sagesse dont il faisait preuve.

En un mot, je le rassurai contre toute indiscrétion de ma part.

Petit à petit il me laissa plus libre, et j'achevai de manœuvrer si habilement, qu'il se départit tout à fait de sa surveillance. Bientôt même il laissa le chevalier venir seul à Picpus.

Je causai avec mon fils des heures entières. La joie la plus délicieuse m'inondait l'âme.

Il était charmant, plein d'esprit et de verve. Déjà sa timidité de provincial avait disparu. Je lui apprenais la ville et la cour. Nous étions les plus grands amis du monde, et, lorsque je lui donnais un conseil pour sa toilette ou pour sa tenue, il le suivait avec un empressement qui témoignait du vif désir de me plaire et de profiter de mes leçons.

Hélas ! hélas ! je m'abandonnais sans crainte et sans trouble à cette affection si pure.

Avec lui, je me laissais aller à ces douces familiarités que la différence de l'âge semblait permettre entre nous. Dans nos longues conversations, je plaçais ma main dans la sienne, et quelquefois il se mettait à mes genoux pour causer plus à l'aise. Je remerciais le ciel de mon bonheur.

Charles m'accompagnait partout : au Cours, à la place Royale, à l'église, au théâtre.

Nous visitions Paris ensemble d'un bout à l'autre. Il avait pour moi toutes sortes de prévenances, lisait dans ma pensée, courait au-devant de mes désirs, étudiait mes habitudes, afin de me rendre ces mille petits offices délicats qu'on rend à notre sexe.

Et je ne devinais rien, j'étais aveugle.

Chez moi, la mère absorbait la femme. Lorsque mes yeux vinrent à se dessiller, le mal n'avait plus de remède; il était trop tard.

Dix ans se sont écoulés depuis lors. Au moment de retracer ce fatal souvenir, ma plume s'arrête, ma main tremble, des larmes brûlantes soulèvent ma paupière. Après ce qui m'était arrivé avec ma fille, je ne croyais pas qu'un désespoir plus terrible pût m'atteindre.

Charles! mon fils! malheureux enfant!... Ah! si c'est une punition que le ciel a voulu m'infliger pour mes fautes, cette punition est injuste; elle est cruelle.

Seigneur, pardonnez-moi si je blasphème!

Mais lui, mon fils, le trouviez-vous donc coupable? Était-ce lui que votre main devait frapper?

Nous étions assis, un soir, Charles et moi, sous un berceau de mon jardin. Tout à coup je lui dis en riant :

— Ah çà, mais chevalier, depuis tantôt six semaines que vous êtes à Paris, comment se fait-il que vous n'ayez point encore d'histoire de cœur?

Il tressaillit vivement et me regarda.

— Ma question vous étonne? Je vous trouve magnifique, en vérité! Nos dames ont donc à vos yeux bien peu de séductions, que vous ne soupirez pour aucune, bel insensible!

— Oh! me répondit-il, vous vous trompez, j'ai une passion dans l'âme, une passion profonde.

— Jésus! que me dites-vous? cela n'est pas vraisemblable.

— Pardonnez-moi, j'aime de toutes les forces de mon cœur.

— Recevez mes compliments; vous savez à merveille cacher vos impressions, et je ne reviens pas de ma surprise. Mais où prenez-vous, s'il vous plaît, le temps de voir votre Armide et de la courtiser, mon cher Renaud?

Son front se couvrit de rougeur.

— Enfin, répondez. Vous êtes ici presque tout le jour; quand je sors, vous m'accompagnez; on ne vous trouve assidu que près de moi. Je n'y comprends plus rien, c'est un mystère.

— Hélas! murmura-t-il, je ne lui ai pas encore avoué mon amour.

— Pourquoi donc? Vous avez tort.

— C'est vrai, je me le suis dit souvent.

— Faute de parler... vous connaissez le proverbe?

— Oui, mais je n'ose pas commencer, me répondit-il avec un soupir.

— Allons, allons, candide amoureux, éperonnez votre hardiesse. En restant ainsi dans les limites d'une scrupuleuse discrétion, vous avouerez qu'il est difficile qu'on vous paye de retour. Ça, du moins, est-elle jolie?

— Comme Vénus et les Grâces.

— Oh! oh! quel prodige! Alors je gagerais qu'elle manque d'esprit?

Il s'empara de mes mains, et s'écria:

— Non, c'est la femme qui en a le plus de la terre.

— Laissez donc!

— Je vous l'affirme. Auprès d'elle toutes les autres pâlissent.

— Ah! permettez, monsieur le chevalier, lui dis-je au milieu d'un éclat de rire, ceci est presque une impertinence... car enfin j'ai quelque prétention. Beaucoup de gens qui s'y connaissent assurent que je ne suis point une sotte.

Charles s'agenouilla devant moi, leva ses grands yeux, dont l'expression me fit tressaillir, et murmura d'une voix émue :

— Mais si cette femme vous ressemblait?

— Bon! quelle apparence?

— Enfin, je le suppose.

— Oui, vous tâchez de réparer vos torts... C'est adroit... Par malheur, cela ne peut pas prendre, chevalier.

Je cherchais à me donner de l'assurance et à parler avec calme. Une commotion violente venait de soulever ma poitrine; une lueur rapide avait passé devant mes yeux. Charles me tenait toujours les mains, son regard m'épouvantait. Il ajouta :

— Si cette femme... c'était vous?

— Moi! criai-je en me levant frémissante.

— Oui, Ninon, ma belle Ninon! c'est vous que j'aime... que j'aime avec délire...

— Grand Dieu!

— Vous à qui je veux consacrer ma vie tout entière... Oh! ne vous éloignez pas!... laissez-moi votre main, que je la couvre de baisers... Ninon, d'où vient ce trouble? n'aviez-vous pas deviné mon cœur?

— Ah! malheureux! malheureux! que venez-vous de me dire?

Et je m'enfuis éperdue, saisie d'effroi, de douleur. Le

chevalier me suivit. Il vint frapper à la porte de ma chambre, où il m'entendit sangloter avec amertume.

— Ninon, disait-il, ouvrez, je vous en conjure... Pourquoi ces pleurs? pourquoi ce désespoir? Il me faut une explication... J'ai le droit de la demander, je la veux... Ninon, si vous n'ouvrez pas, je me tue.

Je m'élançai pour tirer le verrou, que j'avais poussé en entrant. Charles pénétra dans la chambre, et se jeta de nouveau à mes pieds.

— Monsieur, dis-je en prenant une résolution extrême, vous venez de m'outrager d'une façon cruelle.

— Ah! pouvez-vous croire...

— Silence! ne cherchez pas à aggraver l'outrage, et relevez-vous... je vous l'ordonne.

Il se releva. Deux larmes coulaient lentement le long de ses joues. Mon cœur saignait; mais je priais Dieu tout bas de me donner du courage.

— Voilà donc, ajoutai-je, le prix que je devais recueillir de mon amitié pour vous... C'est indigne, monsieur... Je vous avais jugé de la façon la plus avantageuse, et vous m'en faites singulièrement repentir.

— Mademoiselle...

— C'est une leçon qui me donnera désormais plus de méfiance. Me prendre pour jouet, me rendre victime d'une raillerie indécente, d'une gageure peut-être !... Oui, c'est une gageure que vous avez faite.

Il devint d'une pâleur extrême. La surprise la plus douloureuse se peignit sur tous ses traits ; il s'appuya contre un meuble pour ne pas tomber à la renverse.

— Si vous croyez cela, murmura-t-il, je n'ai plus qu'à mourir.

— Eh! monsieur, il s'agit bien de mort. Laissez, je vous prie, toutes ces grandes phrases. Vous demandiez une explication tout à l'heure : ayons-la franche et loyale.

— Oui, murmura-t-il, franche et loyale, je le jure.

— L'hypocrisie, repris-je, le mensonge, sont indignes de vous et de moi. Allez-vous me soutenir qu'à vingt-deux ans vous soyez amoureux d'une femme de soixante, qui a des rides et dont vous pourriez être le petit-fils ?... Oh! pas un mot; ne prononcez pas un mot, si vous tenez à me revoir. Vous m'avez manqué de respect, monsieur... taisez-vous, je ne veux pas d'excuses. Tout ce que je puis vous promettre, c'est de faire en sorte d'oublier la scène scandaleuse de tantôt... Allez, retirez-vous, et tâchez de mériter mon pardon.

J'avais usé toutes mes forces pour lui tenir ce langage. Mais il ne m'écoutait plus et se promenait de long en large de la chambre dans une agitation terrible.

Puis soudain, revenant à moi et se frappant le front avec désespoir :

— Malheur! malheur! s'écria-t-il. Osez-vous bien m'accuser d'une indignité semblable ?... Ah! Ninon, c'est vous qui me faites un outrage! c'est vous qui êtes injuste et cruelle! Oh! je veux parler, je veux me défendre... Vous n'avez pas le droit de me dire que je suis un lâche, un homme sans foi, sans délicatesse, un misérable qui s'est joué de vous... Et pourtant n'est-ce pas ce que vous venez de faire ?

Les sanglots soulevaient sa poitrine; il fondit en pleurs.

J'avais la tête perdue, je ne savais quel moyen prendre pour couper court à cet entretien dangereux et guérir ce pauvre enfant, dont toutes les larmes me retombaient sur le cœur.

— Charles, mon ami, j'ai eu tort peut-être... mais avouez que votre folie est inconcevable.

Il souleva vers moi ses mains tremblantes. Je le voyais avec effroi se rapprocher, quand je me sentais à bout d'énergie.

— Oh! Ninon! Ninon! je vous jure en face du ciel que je ne vous ai pas trompée. Ma passion est sérieuse; je vous aime avec toute la tendresse, avec tous les transports de mon âme.

— Seigneur! Seigneur! vous l'entendez... il recommence!

— Ne pleure pas, me dit-il, oh! je t'en conjure, sèche tes larmes... Laisse-moi là m'agenouiller devant toi comme devant un ange... Oui, je t'aime, oui, tu es belle; oui, cet amour, si tu ne le partages pas, me coûtera la vie...

— Mon Dieu! venez à mon secours.

— Soixante ans, dis-tu?... Eh! que m'importe, à moi, si jamais femme n'a conservé plus de séductions, plus d'attraits irrésistibles... Des rides? tu n'en a pas, mensonge.

— Charles... mon ami... tu m'épouvantes...

— Oh! rends-moi ta main, ta main chérie; ne détourne pas les yeux... ma belle Ninon, j'ai besoin de ton sourire.

— Pitié! Charles... au nom du ciel, pitié!

— Dis-moi que tu m'aimes, dis-le-moi, je t'en supplie.

— Va-t'en!

— Non!... ton cœur s'émeut... je sens ta main frissonner dans la mienne... Je le disais, il est impossible que nos âmes n'arrivent pas à s'unir.

— Grâce! mon ami, grâce!

— Viens! je te jure un éternel amour.

— Mais, insensé, tu ne veux donc rien comprendre, tu ne vois pas ma terreur, m'écriai-je en le repoussant et en joignant les mains avec désespoir.

— Je t'aime! s'écria-t-il, je t'aime!

— Entre nous il y a un abime...

— Je veux le franchir.

— Va-t'en, te dis-je, ne reparais plus en ma présence... O mon Dieu! rendez-lui la raison; donnez-moi le courage du sacrifice.

J'éclatais en sanglots.

— Des larmes! toujours des larmes!... Ninon, c'est moi qui te demande pitié à mon tour... Ne vois-tu pas que je meurs?

— Ah! ce secret, il faut donc le lui dire!

— Un secret?

— Oui, ton père m'avait fait jurer de ne jamais t'apprendre.

— De ne jamais m'apprendre?

— Le marquis va nous séparer; je ne te verrai plus.

— Alors tais-toi, ne me dis rien... je ne veux rien savoir.

— Renonce à cette passion funeste...

— Jamais!

— Charles, je t'en conjure, par tout ce qu'il y a de plus saint...

— Non, c'est impossible.

— Mon Charles bien-aimé, ne me fais pas mourir de douleur.

— Elle m'aime !... ô merci, mon Dieu !

— Arrête ! je ne t'aime pas d'amour... Charles ! malheureux enfant ! ce serait un crime, entends-tu ? ce serait un crime.

— Et pourquoi donc.

— Parce que je suis ta mère !!!...

. . . .
. . . .

Il se leva, pâle, frémissant, l'œil hagard. On eût dit que la foudre venait d'éclater sur sa tête. Le voyant chanceler, je courus pour le soutenir. Mais il me repoussa d'un air sinistre ; puis, tournant vers le ciel ses poings crispés, il s'écria d'une voix où le désespoir et la douleur se mêlaient à une rage sombre :

— Oui... je comprends tout... c'est affreux... Pourquoi ne me l'avoir pas dit plus tôt ? L'enfer s'acharne après mon bonheur... Fatalité !

— Charles... mon enfant, reviens à toi...

— Elle est ma mère !

— Oh ! sois mon fils, rien que mon fils... Oublions un instant de délire...

— Non ! non ! maudit soit le ciel, maudit soit Dieu !

Se précipitant hors de la chambre, il disparut.

VIII

Je tombai sur un siége, accablée par les émotions de cette effroyable scène. Mon cerveau se brisait, je me sentais à deux doigts de la folie. Tout à coup j'entends des clameurs dans la maison. Les domestiques parcourent les corridors, traversent les antichambres; ma porte s'ouvre, et le jardinier paraît, suffoqué, haletant, dans un désordre inexprimable.

— Miséricorde! qu'as-tu, Jérôme? lui demandai-je avec effroi.

— Ah! mademoiselle... un grand malheur!... là-bas, au fond du jardin... le chevalier...

Je poussai un cri perçant et j'entraînai cet homme avec moi. Nous descendîmes le perron.

— Par ici, mademoiselle, sous l'avenue de tilleuls.

— Mais qu'est-ce donc?... parle? m'écriai-je, essayant de me tromper encore; dis-moi ce que tu as vu, mon bon Jérôme... Ou plutôt, non, tais-toi!... je crains de deviner... c'est horrible!... Viens, nous le sauverons, nous le sauverons!

— Ah! mademoiselle, il est perdu!

— Non! non!... car moi aussi, je maudirais Dieu.

Nous arrivâmes dans un petit bois de châtaigniers. Le premier objet qui frappa mes regards fut mon fils, mon malheureux fils, étendu sanglant sur l'herbe. Il s'était passé son épée au travers du corps.

O spectacle affreux! Je me demande comment je ne suis pas morte de saisissement et de douleur.

Agenouillée près de Charles, je déchirai mon voile pour étancher les flots de sang qui coulaient de sa blessure; mais, vains efforts, soins inutiles! Une pâleur livide envahissait déjà son visage. Soulevant vers moi sa paupière mourante, il murmura d'une voix éteinte:

— Ma mère... pardon... j'avais peur de vous aimer encore... et... vous le comprenez... je ne pouvais plus vivre.

Il expira.

Desséchés par une fièvre ardente, mes yeux ne versaient pas une larme. Ne croyant point encore à toute l'étendue de mon infortune, je posai la main sur la poitrine de Charles; mais son cœur avait cessé de battre.

A côté de lui se trouvait son épée sanglante.

Je la ramassai précipitamment, et j'allais la diriger contre mon sein, lorsque tous mes domestiques, accourus sur le lieu de la catastrophe, me l'arrachèrent et me sauvèrent du suicide.

Pendant huit jours on désespéra de ma vie.

J'étais agitée par les transports du plus effrayant délire, et, quand je revins à la raison, ce ne fut que pour essayer de nouveau d'attenter à mes jours. L'existence me semblait odieuse avec une pareille douleur. J'accablai Gersay de malédictions. On l'empêcha de se présenter à mes regards. N'était-il pas la seule cause de ce drame effroyable? devait-il défendre à une mère de se nommer devant son enfant?

Tout Paris connut mon malheur.

Chacun essaya de me consoler, comme s'il y avait à cela des consolations possibles. Des prêtres vinrent me parler de résignation. Ils m'exhortèrent à accepter ce grand chagrin pour expier mes fautes. Je répondis que Dieu devait me punir seule, et que je ne croyais pas à une Providence qui châtiait l'innocent et laissait vivre le coupable.

Madame Scarron me visita tous les jours.

Elle passait régulièrement trois ou quatre heures à mon chevet. Son amitié fit plus que tous les sermons que je venais d'entendre; elle me nourrissait en quelque sorte de ma douleur. A force de me parler de mon fils et d'exciter mes tristes souvenirs, elle réussit à ramener les larmes, dont la source était tarie.

Françoise pleurait avec moi, ce fut ainsi qu'elle me sauva.

Je la suppliai de ne plus me quitter; elle me dit que, malgré son désir, la chose était impossible, et m'exhorta de la manière la plus affectueuse à être raisonnable, à me contenter du temps qu'elle m'accordait, ajoutant qu'elle avait de nombreux devoirs à remplir. En toute autre circonstances j'aurais pu demander l'explication de ce mystère, mais l'idée ne m'en vint même pas.

A quelques jours de là, je reçus le plan d'un mausolée que, de son propre mouvement, et en mon nom, Françoise avait commandé pour la mémoire de Charles.

Je fis à l'instant même appeler l'architecte, et je voulus me lever, afin de lui donner mes ordres.

Mon fils était enterré dans une des chapelles latérales de l'église de Picpus. Là fut dressé le monument, tout en marbre noir, et entouré de cierges qui brûlaient nuit et jour. Un mois durant, j'allai prier sur la tombe de mon pauvre Charles. Puis madame Scarron me ramena rue des Tournelles, disant, après avoir jusqu'à ce jour partagé ma douleur, que cette douleur ne pouvait durer sans cesse, et que je me devais à mes amis et au monde.

Enfin, elle que je n'avais jamais connue dévote, se mit à me parler de la religion, dont je repoussais les secours ; elle me fit connaître un jeune prêtre de Saint-Sulpice, M. de Lamothe-Fénelon, qui, par sa touchante éloquence, acheva de fermer ma blessure.

— Les passions, me disait-il, ont chez les natures d'élite une action terrible, dont la vivacité peut éteindre le libre arbitre et rendre, par cela même, leurs excès pardonnables aux yeux du Seigneur. Croyez que le désespoir de votre fils aura trouvé grâce devant la divine miséricorde ; ou, s'il achève en purgatoire l'expiation de sa faute, avant d'être admis au nombre des élus, abrégez pour lui le temps de la souffrance ; faites prier pour son repos éternel, et tâchez de le rejoindre plus tard dans un lieu où l'amour terrestre s'épure au contact de l'amour divin.

Je donnai vingt mille livres à M. de Fénelon, le priant de fonder à Picpus et à Saint-Sulpice des messes anniversaires pour le repos éternel de l'âme de mon fils.

Il est à présumer que je me serais franchement convertie, à partir de cette époque, si les circonstances n'étaient venues changer le cours de mes idées et me rejeter forcément dans une foule d'intrigues.

On se rappelle mon affront de Saint-Cloud, affront dont j'avais commencé à tirer vengeance. Depuis quinze jours à peine j'étais réinstallée rue des Tournelles, lorsque je vis entrer, un matin, dans ma cour, deux exempts des gardes, qui amenaient avec eux une voiture de place. Ils montrèrent à mes domestiques effrayés une lettre de cachet. On les laissa pénétrer dans ma chambre.

— Qu'est-ce, messieurs, et que signifie cette violation de domicile? m'écriai-je, irritée de leurs brusques allures et de leur mine insolente.

— Trêve de questions, belle dame, répondirent-ils. Nous avons un ordre du roi : veuillez nous suivre, et sans retard.

— Vous suivre... où cela, je vous prie?

— Au couvent.

— Vous rêvez, messieurs.

— Nous ne le pensons pas.

— Je vous assure que vous faites erreur. Sans doute vous vous serez trompés de porte.

— C'est bien ici chez mademoiselle de Lenclos?

— Oui, mais enfin...

— Vous êtes mademoiselle de Lenclos elle-même?

— Je ne le nie pas.

— Alors décampons, et lestement. Il n'y a point de résistance possible devant une lettre de cachet.

— Une lettre de cachet!

— Dans toutes les règles... Lisez, fit l'un d'eux, qui déploya le papier dont il était porteur et vint le mettre sous mes yeux.

— Mais de quel crime est-ce qu'on m'accuse?

— Voilà ce qu'il nous serait difficile de vous dire.

— Pourquoi?

— Rarement on juge à propos de nous communiquer les motifs de l'arrestation.

— Cela n'a pas d'exemple, m'écriai-je. Traiter ainsi une femme!.. l'arracher à sa maison, à ses affaires...

— Vos affaires? Oh! s'il ne s'agit que de cela, nous vous accordons dix minutes pour y mettre ordre.

— En vérité, quelle condescendance!

— Un quart d'heure, si bon vous semble. Passé ce temps, il faudra nous suivre de bonne grâce, ou nous aurons le regret d'employer la contrainte.

Ces messieurs parlaient avec une logique et une netteté contre lesquelles je vis bien que de nouvelles observations seraient impuissantes. Dans les moments critiques et dans les périls, je ne manque ni de présence d'esprit ni de force d'âme.

— Soit, je n'opposerai point de résistance, leur dis-je; seulement donnez-moi vingt minutes.

— C'est beaucoup, mademoiselle. Toutefois nous connaissons les égards dus au beau sexe. Accordé.

J'écrivis rapidement quatre lettres, l'une à M. le Prince, l'autre à madame de Montausier, la troisième à Françoise, et la quatrième à mon notaire, dont le dévouement et l'activité m'étaient connus. Je le chargeais d'envoyer à leur destination les trois autres lettres, et de choisir à l'instant même une personne sûre, qui viendrait surveiller ma demeure et empêcher les domestiques de la mettre au pillage.

Comme il restait place Royale, un des exempts s'offrit à lui porter le message. L'autre tira sa montre et me fit voir que les vingt minutes étaient écoulées. Je descendis avec lui.

Le fiacre attendait dans la cour, nous y montâmes.

— Où me conduisez-vous? demandai-je.

— Aux *Filles repenties*, mademoiselle.

Le rouge me monta violemment au visage. Il était écrit que tôt ou tard on me jetterait dans ce fatal monastère.

— Mais à qui dois-je un traitement semblable?

— Je ne puis vous donner la moindre explication à cet égard, me répondit l'exempt.

Une demi-heure après le fiacre s'arrêta. Nous nous trouvions devant un noir édifice, au seuil duquel une béguine vint me recevoir. L'exempt lui présenta la lettre de cachet; on me poussa dans un corridor ténébreux, et j'entendis le bruit sinistre d'énormes verrous qui se refermaient sur moi.

Les religieuses voulurent m'affubler tout d'abord du costume hideux que portent les créatures enfermées dans la maison, c'est-à-dire d'une robe de serge grise, retenue par une ceinture de cuir. Mais je leur parlai avec une dignité si grande et une telle assurance, qu'elles se départirent pour moi de la sévérité de la règle. Elles se montrèrent même assez bienveillantes, persuadées, à ma mine et à mon langage, qu'il y avait erreur, comme j'en étais, du reste, bien convaincue la première.

Il ne me vint pas une seule minute à l'esprit que mon aventure avec la Montespan pût être cause de ma disgrâce.

Sans doute je ne croyais au marquis gascon ni beaucoup de délicatesse ni beaucoup d'honneur; mais pouvais-je le supposer assez lâche pour compromettre une femme sans nécessité, quand il avait, au contraire, toutes sortes de motifs de se glorifier de son action? Il lui était même très-facile de revenir sur sa colère et d'agripper des sommes plus rondes, en faisant acheter au monarque, après un tel éclat, le silence et le repos.

J'étais donc à cent lieues de soupçonner Montespan.

Toutes les trahisons me semblaient possibles, excepté la sienne; j'aurais plutôt cru qu'on me punissait de la mort de mon fils, ce qui eût été d'une injustice sans exemple et d'une révoltante cruauté.

Un jour, deux jours se passèrent. Je priai les religieuses d'envoyer rue des Tournelles prendre différents objets de toilette, que la précipitation avec laquelle on exécute les ordres du roi ne m'avait pas laissé le temps d'emporter. Elles se prêtèrent de fort bonne grâce à mon désir, et je sus que ma maison était sous la garde de la personne de confiance choisie par mon notaire.

Donc l'exempt s'était acquitté de sa commission; donc mes lettres à tous mes amis devaient être arrivées à leur adresse.

Comment n'avais-je encore vu personne?

Je me désespérais, je comptais les heures avec angoisse. Il me semblait que j'étais abandonnée de tous et que j'allais passer le reste de ma vie dans ce lieu lugubre. Enfin, dans la matinée du troisième jour, un visage de connaissance parut. Mais ce n'était ni Condé, ni la gouvernante du Dauphin, ni Françoise. C'était madame Arnoul.

Je n'avais jamais eu pour cette étrange amie de la veuve Scarron qu'une indifférence très-voisine du dédain.

Nécessairement la tireuse de cartes devait se douter de mon peu de sympathie pour elle. Je fus donc très-surprise de la voir se précipiter dans mes bras et me combler de caresses. Elle me dit rapidement à voix basse:

— Si l'on vous interroge, niez tout. Vous n'avez jamais connu Montespan.

Ces paroles furent pour moi un trait de lumière, et je laissai échapper un cri d'indignation.

— Paix! fit madame Arnoul, quelqu'un nous observe.

En effet, la religieuse qui venait de l'introduire restait debout au seuil de la porte. Reconnaissant une de celles qui m'avaient témoigné de la bienveillance, je l'abordai et j'obtins sans peine qu'elle nous laissât.

— Ainsi, m'écriai-je, en me rapprochant de madame Arnoul, tout cela vient de cette indigne femme?

— Chut!... de la prudence... Ménagez la favorite du roi, la noble protectrice de votre amie.

— Je ne comprends pas...

— Madame de Montespan veut beaucoup de bien à Françoise.

— Eh! que m'importe?... en suis-je moins indignement outragée? La maîtresse de Louis XIV n'est-elle pas cause de mon arrestation?

— Oui, sans doute... c'est-à-dire... j'en suis un peu cause aussi, moi.

— Vous!

— Mon Dieu, le plus court est de ne vous rien dissimuler. Je ne supposais pas que Montespan aurait assez peu de conscience pour vous trahir; et puis cinq ou six jours dans un couvent sont si peu de chose, en somme, auprès de la fortune que nous allons faire... fortune dont vous profiterez, ajouta-t-elle vivement. Il est donc impossible que vous me gardiez rancune.

Je l'avais écoutée, toute saisie, et je murmurai :

— Vous êtes cause de ce qui m'arrive, madame?
— Cause involontaire... entendons-nous... ou plutôt écoutez l'histoire.

Alors, avec un flux de paroles indicible, elle m'annonça qu'elle était parvenue, grâce à une longue persévérance, à être introduite près de madame de Montespan.

— Je lui ai tiré les cartes, me dit-elle; puis, ayant successivement étudié chacune des lignes de sa main, je lui ai révélé des secrets qui l'ont confondue.

— Mais quels secrets, dis-je avec impatience, quels secrets?

— Ne le devinez-vous pas? d'abord cette excellente histoire du rosier, que vous aviez dite à Françoise, puis l'aventure du soufflet donné à Saint-Cloud devant la reine.

— Quoi! vous avez eu l'effronterie.

Elle se hâta de m'interrompre.

— De grâce, dit-elle, ménagez-moi, j'ai tout fait pour le mieux, et dans notre intérêt commun. Les reproches ici ne seraient pas de saison.

Je l'écoutais avec une stupeur croissante.

— Seulement j'aurais pu me dispenser peut-être d'insinuer à la favorite que son digne époux n'avait pas agi de lui-même, reprit-elle avec un air de calme et d'indifférence qui augmentait mon indignation.

— Ah! vous avez insinué cela?

— Oui, j'ai laissé entendre qu'une ennemie cachée...

— Mais achevez donc, madame.

— Avait poussé Montespan à faire ce scandale.

— Malheureuse! criai-je, et de quel droit allez-vous

ainsi disposer de mes secrets, de mon bonheur, de mon repos?

— La la! fit-elle, ne nous jetons pas dans les grands mots et dans les discours exagérés. Vous serez libre demain au plus tard; on vous fera des excuses, et Françoise restera gouvernante des enfants de la marquise.

— Gouvernante des enfants de la marquise?

— Oui, ma chère.

— Vous êtes folle, madame, et vous pourriez vous dispenser, après tout le mal dont je vous ai l'obligation, de me débiter de pareilles sornettes.

— Il n'y a point de sornettes, je parle très-sérieusement.

— Je n'en crois rien.

— Madame Scarron, je vous le proteste, est installée au Louvre, juste au-dessus de l'appartement du roi. Le duc du Maine et le comte de Toulouse sont confiés à ses soins, ainsi que le prouve, du reste, ce billet, dont elle m'a chargée pour vous.

A ces mots, elle tira de son corsage une lettre qu'elle me présenta. Françoise m'annonçait effectivement sa nouvelle fortune, et me jurait qu'elle travaillait de toutes ses forces à ma délivrance. Il n'y avait plus de doute possible.

— Eh bien, reprit madame Arnoul, n'admirez-vous pas mon habileté? Croyez-vous que ma grande prédiction ne se réalise pas un jour?

— Votre grande prédiction, madame... j'ignore ce que vous voulez dire.

— La mémoire vous fait étrangement défaut; car, en votre présence même, j'ai lu dans mes cartes...

— Ah! oui, que Françoise devait espérer une couronne;

je me le rappelle en effet, dis-je en haussant les épaules.

Madame Arnoul n'y prit pas garde.

— Nous y arriverons, s'écria-t-elle, nous y arriverons. Tout dépend de la manière de jeter ses plans, et la marche que j'ai suivie est d'une adresse merveilleuse. D'abord je me suis séparée de ma compagne, et je l'ai décidée à mener la conduite la plus exemplaire, à se montrer assidue aux offices de sa paroisse, à visiter les pauvres et les malades; en un mot, à acquérir la réputation d'une sainte.

— Ce qui revient à dire que vous lui avez conseillé l'hypocrisie.

— Pourquoi non, lorsque cela peut être utile?

— J'admire, madame, le cynisme de votre langage; mais, en attendant, je voudrais être mieux instruite de ce qui me concerne.

— Attendez, j'y arrive. La Montespan, frappée de mes révélations, surtout de celle de la mort du rosier, dont elle ne croyait pas avoir d'autre confidente qu'elle-même, ne fit plus rien sans consulter ma science. Comme elle était à la recherche d'une femme, à la fois instruite, spirituelle et pieuse, qui pût s'occuper de l'éducation de la progéniture royale, je consultai mes cartes, et je lui annonçai gravement qu'elle trouverait cette femme, tel jour, à telle heure, communiant à Saint-Sulpice.

— Fort bien! vous aviez raison tout à l'heure de vanter votre habileté.

— N'est-ce pas? dit-elle sans paraître émue de mon accent ironique. J'ajoutai, comme vous pouvez le croire, d'autres petites indications propres à faire reconnaître Françoise, que j'avais avertie, et sur laquelle son confesseur donna les renseignements les plus précieux.

— Lorsque je verrai la veuve Scarron, madame, je n'oublierai pas, je vous le jure, de la féliciter sincèrement d'avoir suivi vos conseils.

— Vous me rendrez justice, répondit madame Arnoul. Maintenant parlons de votre affaire.

— A la bonne heure. J'ai donné jusqu'ici, vous en conviendrez, la preuve d'une magnifique patience.

— Soit, vous n'aurez pas à vous en repentir. Ayant donc fait entendre à la marquise que Montespan l'avait souffletée en cédant à des suggestions étrangères, on gorgea d'or le stupide époux, qui vous nomma sur l'heure, et voilà pourquoi vous êtes aux *Repenties*... Un instant, veuillez ne pas m'interrompre, ajouta-t-elle en voyant de nouveau mes yeux étinceler de courroux.

— Mais enfin, madame...

— Allons, allons, je n'ai été qu'imprudente, et vous devez me pardonner. D'ailleurs, j'agissais pour servir une de vos plus intimes amies.

— Eh! qu'ai-je à faire, moi, de toutes vos machinations, de toutes vos intrigues?

— Permettez...

— J'en suis la victime.

— Laissez-moi parler, de grâce...

— Où prenez-vous, s'il vous plaît, que je doive acheter la fortune de madame Scarron au prix de ma honte?

— Mais, dit-elle, si, par une souffrance de quelques jours, vous contribuez à la ruine de la Montespan?

Je tressaillis.

— Si la favorite, avant qu'il soit peu, est supplantée par une rivale?

Elle appuya sur chacune de ces paroles, et me regarda bien en face pour juger de l'effet qu'elles produisaient sur moi. J'avoue qu'elles y opérèrent une révolution complète.

— Si, pour tout dire enfin, continua madame Arnoul, Françoise lui prend le cœur du roi, et la fait chasser de la cour?

— Allons donc!

— Il ne faut pas dire : Allons donc!... Cela sera, je le veux... Oh! vous ne connaissez pas encore toute mon énergie. Demain, ce soir peut-être, vous allez sortir de cette indigne demeure. Votre vengeance est intéressée à mon succès, ne l'oubliez pas.

— Vous avez raison.

— Ce serait une lâcheté de pardonner à la Montespan le nouvel outrage qu'elle vient de vous faire.

— Oui, certes! m'écriai-je, entraînée par le sentiment de haine que ces discours réveillaient en moi.

— Je vous annonce que M. le Prince a chaleureusement parlé pour vous à Louis XIV. Madame de Montausier nie de toutes ses forces que vous ayez été complice de l'esclandre de Saint-Cloud. Vous ne lui aviez pas confié votre projet?

— Non.

— Tant mieux. Elle est de bonne foi; ses assertions n'en ont que plus de vraisemblance.

— Oui, c'est juste.

— Mais celui de vos avocats qui a le mieux réussi dans son plaidoyer, c'est Molière.

— Est-ce possible?... Il a donc pris ma défense?

— Hier, à Versailles.

— Bon Jean-Baptiste!

— Après la représentation de la nouvelle pièce, *le Malade imaginaire*, le roi l'a fait prier de monter dans sa loge.

« — Nous avons eu, lui dit-il, une satisfaction extrême à vous voir dans ce rôle; mais vous êtes souffrant, votre visage est pâle; nous n'entendons pas, monsieur, qu'un homme aussi précieux que vous l'êtes sacrifie sa santé à notre plaisir.

« — Quand j'aurais été au lit de la mort, je serais venu, répondit Molière, car j'ai une grâce à demander à Votre Majesté.

» Là-dessus il entame votre éloge, disant que, sans vous, il ne serait rien, que vous aviez été la protectrice de son enfance; qu'il avait trouvé en mademoiselle de Lenclos le cœur le plus dévoué, l'amie la plus noble de la terre... et tout cela aux genoux du roi, en versant des larmes. Jugez de l'effet de son discours.

— Oh! merci, merci pour cette bonne nouvelle! m'écriai-je en pressant la main de madame Arnoul, dont j'oubliais entièrement alors les étranges manœuvres. Excellent homme, généreuse nature; je le reconnais bien là.

« — Mais où est-elle donc, votre protectrice? demanda le roi.

« — Au couvent des *Filles Repenties*, répondit le comédien, ce qui est d'autant plus absurde, sire, que Ninon, je le déclare à Votre Majesté, n'est ni *fille* ni *repentie*. »

— Bravo! le trait est charmant... Qu'a répondu Louis XIV?

— Il s'est mis à rire de tout son cœur, ainsi que M. Colbert, assis à sa droite.

— Et il a promis de me rendre à la liberté?

— Sans doute; mais vous n'ignorez pas que, dans l'occasion, il rétracte assez volontiers sa parole, surtout quand sa maîtresse le désire.

— Oui, Mademoiselle en a eu la preuve.

— La favorite est contre vous dans une colère abominable; elle rugit comme une lionne. Toutefois la nouvelle gouvernante et madame de Montausier l'ont un peu calmée ce matin. Elle me fait demander, probablement pour interroger les cartes, et savoir de moi si vous êtes, en réalité, la personne à qui elle doit le soufflet de crocheteur appliqué sur son doux visage. Ainsi, vous le voyez, votre sort est entre mes mains.

— Puisque vos cartes ont causé mon emprisonnement, lui dis-je, c'est bien le moins qu'elles amènent ma délivrance.

— Causé votre emprisonnement... pardon, chère belle!... Encore une fois, je n'avais pas l'intention de vous compromettre. A mon point de vue, c'est un véritable service que je vais vous rendre.

— D'accord. Vous tournez, du reste, fort ingénieusement les choses.

— Non, je parle en conscience, et service pour service. Puisque, grâce à moi, vous allez quitter les *Repenties*, je demande, en échange, que vous m'aidiez de tout votre pouvoir à accomplir la ruine de la Montespan.

— Oh! pour cela, je vous le jure.

— Prenez garde! c'est très-sérieux... je prends acte de vos paroles.

— Soit.

— Vous consentez à me venir en aide?

— Je le jure, vous dis-je, sur l'Évangile et sur l'honneur.

— Un serment, c'est plus que je ne demandais. Ainsi vous serez prête, le jour où je réclamerai votre intervention?

— Je serai prête.

— Alors je vais, de ce pas, chez la favorite, et, avant la fin de la journée, vous serez hors du couvent.

Madame Arnoul m'embrassa deux fois, ce dont je l'eusse dispensée de grand cœur. Je dois dire aussi qu'elle tint parole. Bientôt les religieuses vinrent m'annoncer que l'ordre était venu de m'ouvrir les grilles.

On fit amener un carrosse.

Je voulus, avant de retourner chez moi, remercier mon bon Jean-Baptiste, qui avait si bien plaidé ma cause, et cela sans que je l'en eusse prié, ce qui doublait à mes yeux son mérite.

Molière demeurait dans le voisinage de son théâtre. En m'apercevant, il poussa un cri de joie et se leva de son fauteuil pour accourir à ma rencontre. Je tombai dans ses bras, et je mouillai son noble front de mes larmes de reconnaissance.

— Ah! parbleu! s'écria-t-il, voyez, ma chère Ninon, ce que c'est que le bonheur! Avant votre arrivée, j'étais au plus mal...

— Bonté du ciel! que me dis-tu là, Jean-Baptiste?

— Oui, sérieusement, je croyais n'avoir plus que quelques heures à souffrir. Je vous vois, je vous embrasse, vous êtes libre... et, chose miraculeuse, je me porte comme un charme!

— Est-ce bien vrai cela?

— Regardez-moi plutôt : je suis sûr que mes yeux brillent et que j'ai de vives couleurs.

— Mais oui, tu as raison.

— Puisque vous voilà, nous allons souper ensemble. Croisy ne me remplacera décidément pas ce soir, et vous m'applaudirez dans le *Malade*.

— Mais, cher ami, si cela te fatigue?

— Non, non, je suis guéri, vous dis-je, ma belle protectrice, et je veux que ce jour soit un jour de fête...

Hélas! pauvre Molière! ce fut le jour de sa mort.

IX

C'était le 17 février 1673; cette date funeste est toujours présente à mon souvenir.

Après le souper, pendant lequel Jean-Baptiste se montra d'une gaieté délicieuse, au grand étonnement de la bonne Laforêt, sa servante, qui, depuis un an bientôt, nous dit-elle, ne l'avait vu ni manger ni rire, nous allâmes au théâtre, sans que le bienheureux changement occasionné par ma présence parût une seule minute se démentir.

Molière me plaça dans une loge, puis il alla s'habiller pour la représentation.

La salle était remplie de spectateurs. Bientôt le ballet commença. Je n'accordai qu'une attention médiocre aux chants et aux danses de la déesse des fleurs, qui s'ébattait en compagnie de quelques zéphyrs et d'une troupe de bergers. D'ailleurs, dans l'actrice qui remplissait le rôle de Flore je reconnus la Béjart, et la vue de cette femme me donnait des crispations nerveuses.

Enfin les danses eurent un terme. Le rideau se referma, pour s'écarter, un instant après, et nous montrer la chambre d'*Argan*.

Le malade, assis devant une table, et comptant avec des jetons les parties de son apothicaire, entame ce long monologue qui donne le signal des éclats de rire, gaieté franche et de bon aloi que les scènes qui viennent ensuite perpétuent jusqu'à la fin de la pièce. Jamais le génie comique de Molière ne s'était élevé plus haut. Il jouait pour moi. Cela me rendait orgueilleuse, et j'applaudissais avec enthousiasme.

Le troisième acte venait de finir.

On était au milieu de l'intermède, où la faculté de médecine, réunie en assemblée solennelle, procède à la réception du nouveau docteur, lorsque tout à coup je m'aperçus que la voix de Jean-Baptiste s'altérait. Me tournant aussitôt vers le comédien Croisy, qui devait, ce soir-là, remplacer son chef de troupe, et qui était venu me saluer dans ma loge :

— Eh ! lui dis-je, voyez donc ! ne dirait-on pas que Molière se trouve mal ?

— C'est vrai, me répondit-il ; ses traits se décomposent. Heureusement la pièce s'achève.

— Grand Dieu! mais sa pâleur augmente!... Il fait des efforts inouïs pour continuer son rôle. Je vous en conjure, allez dire qu'on ferme le rideau.

Croisy partageait ma crainte, il s'empressa de courir sur le théâtre. A peine fut-il hors de ma loge, que Molière, qui venait de prononcer le mot *juro*, se renversa tout à coup dans son fauteuil et jeta une exclamation d'angoisse.

— Il se meurt! il se meurt! cria-t-on de toutes parts.

Je m'élançai précipitamment sur les traces de Croisy, et j'arrivai bientôt sur le théâtre. Quel désolant spectacle, mon Dieu! Tout était perdu. Mon pauvre Poquelin rendait le sang par la bouche et par les narines. En me voyant, il essaya de parler; mais il ne put que me serrer faiblement la main.

La Béjart poussait les hauts cris.

— Au nom du ciel! lui dis-je, laissez du moins mourir en paix celui dont vous n'avez fait que tourmenter l'existence.

On essaya de transporter Molière dans son logement; mais il s'évanouit en route et nous craignîmes qu'il n'expirât avant le terme du trajet. A mi-chemin, on le déposa au parloir des sœurs de Saint-Vincent de Paul. Il y mourut pendant la nuit.

Telle fut la fin du plus noble, du plus spirituel et du meilleur des hommes.

En songeant que la représentation de Versailles et celle du jour même avaient hâté sa mort, je versai des larmes abondantes, et j'appelai toutes les malédictions célestes sur l'indigne favorite. J'accusais madame de Montespan de ce dernier malheur.

Son outrage, lors de mon séjour à Saint-Cloud, n'avait-il pas provoqué de ma part une juste vengeance?

Pourquoi m'enfermer aux *Repenties*? n'était-ce point là sa place plutôt que la mienne? Afin de m'arracher de cette odieuse maison, Molière, déjà souffrant, avait outrepassé ses forces, et le mal s'en était accru. La joie de me revoir ne venait de dissiper un instant la douleur que pour exciter ensuite mon malheureux ami à commettre une nouvelle imprudence, dont il devait être victime.

Hélas! j'aurais dû plutôt m'accuser moi-même, et reconnaître dans tous ces événements cruels la main de Dieu qui me frappait.

Environ trois semaines après la mort de Molière, je vis arriver madame Arnoul. Tout entière à mon chagrin, j'avais défendu ma porte; mais elle força la consigne, et pénétra dans ma chambre comme un tourbillon.

— Je viens, dit-elle, réclamer votre serment. Nous partons, ce soir, avec la cour.

— Que signifie?...

— Ah! point d'observation; vous avez juré de me suivre.

— Mais où allons-nous?

— Sur la route d'Allemagne. J'ai gagné un valet de chambre du roi. La Montespan est perdue.

— Oh! tant mieux, tant mieux! En êtes-vous bien sûre au moins?

— Fiez-vous à mon adresse et à mon talent pour diriger une intrigue. La favorite ne se relèvera pas de nos coups. Plus tard, je vous expliquerai les moyens que je dois mettre en œuvre. Vous serez l'instrument de sa perte, voilà ce que j'ai de mieux à vous dire pour l'heure.

— Allons, m'écriai-je, va pour le voyage!

— Il faudrait vous déguiser en homme.

— C'est facile, je n'ai fait que cela toute ma vie.

Les préparatifs du départ ne furent pas longs. Jamais on ne s'imaginera l'espèce de délire qui s'empara de moi à la seule pensée de nuire à madame de Montespan. Dans le cours de ma vie je n'avais jusqu'alors fait de mal à personne. Le sentiment de la haine et celui de la vengeance m'étaient étrangers ; je ne me reconnaissais véritablement plus. Si je juge des autres par moi-même, j'arrive à cette conclusion que nous devenons pires en prenant de l'âge, et, par suite, qu'il y a beaucoup à rabattre du respect qu'on croit devoir à la vieillesse.

Rarement j'ai vu chez les personnes avancées dans leur carrière des qualités plus précieuses que chez les jeunes gens. Par contre, tous les défauts des vieillards prennent un accroissement prodigieux.

Ces réflexions ne semblent pas consolantes pous l'espèce humaine.

L'Espagne et l'Autriche, épouvantées des succès de Louis XIV, venaient de se liguer contre lui. Dès le commencement de la campagne, Turenne avait envahi le Palatinat, où son armée mettait tout à feu et à sang, et le roi se disposait à aller rejoindre à la frontière l'armée victorieuse, traînant après lui toute la cour, comme c'était son habitude.

Madame Arnoul fut d'avis de ne pas nous mêler à la suite royale.

Elle craignait qu'on ne me devinât sous mes habits d'homme. Je ne partageais point ses craintes ; mais il m'était, du reste, très-indifférent de voyager à part. Nous prîmes donc l'avance, et nous allâmes attendre la cour en Lorraine.

Le cortége arriva deux jours après nous. On s'arrêta quelque temps à Nancy et à Lunéville ; puis on gagna les Vosges et l'Alsace.

Ma compagne avait eu, je ne sais par quel moyen, l'itinéraire exact du roi.

De Lunéville, et toujours précédant de vingt-quatre heures au moins les équipages, nous allâmes coucher à Raon-l'Étape, hameau perdu dans les Vosges, où nous vîmes les ruines d'un vieux manoir, qui remonte, dit-on, au douzième siècle.

Le lendemain, nous étions à Saint-Dié, petite cité mignonne et coquette, mais assise au pied d'une montagne énorme, qui doit, suivant une prédiction très-ancienne, tomber un jour sur la ville et l'ensevelir. On fait tous les ans une procession solennelle pour empêcher ce malheur ; mais il me semble que la terrible montagne, appelée, je crois, l'Ormont, se trouve assez éloignée pour ne rien écraser en cas de chute, et les habitants du pays pèchent sinon par défaut de piété, du moins par excès de prudence.

De Saint-Dié, nous gagnâmes Sainte-Marie-aux-Mines.

Mais alors les chemins du roi devinrent épouvantables. J'en frémis encore quand j'y songe. La route avait tout juste la largeur du carrosse. A droite et à gauche, nous longions des précipices, et nous traversions d'immenses forêts de sapins, dont le feuillage formait au-dessus de nos têtes une voûte sombre qui nous cachait le ciel.

Sainte-Marie-aux-Mines fait partie de l'apanage du prince palatin de Birkenfeld. C'est un des plus beaux endroits du monde. La ville passe entre deux montagnes couvertes de sapins magnifiques, et le reste de la vallée est sillonné par de petites rivières d'une eau limpide coulant sur un fond de cailloux, et dont les circuits forment le plus heureux coup d'œil. Mais, comme on ne dîne pas en admirant un site pittoresque, je suis obligée de dire qu'on mange dans ce bel endroit une cuisine détestable.

On nous y donna pour du vin du Rhin quelque chose de jaunâtre et de soufré qui me fit lever le cœur.

— Courage ! me dit madame Arnoul : les ennuis de la route touchent à leur terme. Encore dix lieues de marche, et nous ferons halte pour attendre l'arrivée de Louis XIV. Bientôt, ma chère, vous verrez l'endroit que j'ai choisi pour l'exécution de mes plans mystérieux.

Le jour suivant, nous nous arrêtâmes en effet à Ribeauvillers, dans un magnifique château, appartenant au beau-frère du prince palatin. Je ne me rappelle pas le nom de ce petit potentat germanique ; il n'a jamais été célèbre ni dans la paix ni dans la guerre. Son absence nous priva de la liberté de lui présenter nos hommages ; mais nous n'en reçûmes pas moins un accueil fort gracieux du gouverneur, lequel se trouvait précisément être le cousin de ce valet de chambre du roi que ma compagne avait mis, disait-elle, dans ses intérêts. Elle lui présenta tout d'abord une lettre de son parent.

Le bonhomme en prit lecture d'un air très-agité.

Ses politesses redoublèrent; il eût pour nous mille attentions et mille prévenances, mais sans nous dire un mot du contenu de la lettre, qu'il fourra dans sa poche, avec un léger mouvement d'épaules, dont madame Arnoul parut très-vivement contrariée.

Le silence du gouverneur ne faisait plus son compte. Elle lui dit, comme nous achevions de souper:

— Pourquoi donc, cher hôte, ne nous parlez-vous pas de la *Chambre des fantômes?*

Il bondit sur son siége, devint très-pâle et balbutia :

— Quoi ! madame, est-il possible que vous ayez la dangereuse fantaisie...

— De coucher dans cette chambre? oui, mon cher hôte, interrompit-elle. Votre cousin, d'ailleurs, a dû vous l'écrire formellement.

— Sans doute, sans doute... Mais il est fou, mon cousin. Je ne puis vous laisser courir un péril semblable.

— Ah! pardon; je vous supplie de n'y mettre aucun obstacle. Nous sommes venus tout exprès pour cela.

— Pour vous faire étrangler?

— Non, mais pour tenir tête aux esprits, s'ils osent nous rendre visite.

— Vous ignorez, reprit le gouverneur, pâlissant de plus en plus, qu'ils ont contracté la funeste habitude de tordre le cou à tous ceux...

— Bien, bien, je connais l'histoire, ne l'achevez pas, dit en riant madame Arnoul.

— Et vous persistez?

— Nous persistons.

— J'en frissonne des pieds à la tête.

— Bah! ni mon mari ni moi ne croyons aux revenants.

— Vous avez tort.

— Ne cherchez plus à nous faire changer d'avis, cher hôte. D'ailleurs, puisqu'il faut tout vous dire, il s'agit pour nous d'une gageure très-importante au sujet de la *Chambre des fantômes :* j'aime à croire que vous ne voudrez pas nous la faire perdre.

— Allons, murmura-t-il, que votre volonté s'accomplisse. Je vais donner des ordres pour qu'on vous y dresse un lit.

Il s'en alla, toujours fort pâle et convaincu que nous approchions de notre heure dernière. Je n'ai pas besoin de dire que le mari de madame Arnoul c'était moi. Dix minutes après, le gouverneur lui-même nous introduisit dans la chambre mystérieuse, au seuil de laquelle il nous souhaita le bon soir en frémissant.

— Tout cela me semble fort curieux, dis-je à ma compagne. Allez-vous enfin m'expliquer cette énigme?

Sans me répondre, elle se mit à visiter les boiseries de la pièce où nous étions. Bientôt elle poussa un cri de joie.

— Eh bon Dieu! qu'avez-vous?

— Tenez, dit-elle, voici le commencement de l'explication que vous demandez.

Glissant une main dans la gueule d'une espèce de chimère, sculptée au milieu d'un panneau voisin du lit, elle fit jouer un ressort. Le panneau s'écarta brusquement. J'aperçus une autre chambre plus grande et décorée avec beaucoup de luxe, où madame Arnoul pénétra la première, en m'invitant à la suivre.

— C'est ici, me dit-elle, que le roi couchera demain ; commencez-vous à deviner ?

— Pas le moins du monde, répondis-je.

Elle m'entraîna au milieu de la seconde pièce. Le panneau venait de se refermer sur nous, ce qui ne laissait pas de me donner une certaine inquiétude. Mais la sibylle de Françoise connaissait merveilleusement le plan des lieux et tous les secrets de l'habitation. Se dirigeant vers une large cheminée en marbre de Carrare, elle fourra le doigt dans l'oreille d'un chérubin qui supportait l'un des angles. Un autre ressort joua et la porte secrète s'ouvrit de nouveau.

Dans la tapisserie de cuir d'Astracan doré, tendue aux parois de la seconde chambre, il était impossible de distinguer aucune trace de l'ouverture.

— Vous voyez, dit-elle, mes mesures sont prises ; j'ai tous les renseignements désirables. Rentrons.

Je mentirais en disant que ces préliminaires ne me causaient pas quelque effroi.

— Maintenant, reprit madame Arnoul, deux mots suffiront pour vous expliquer l'origine de la terreur qu'inspire la chambre où nous sommes. Effectivement, au siècle dernier, bon nombre de personnes y eurent le cou tordu ; mais ce n'était pas un revenant qui leur jouait ce mauvais tour.

— Ah ! qui donc ?

— Certain comte de Ribeaupierre, alors seigneur et maître du manoir, ruiné depuis longtemps par la débauche et le jeu, attirait chez lui de riches voyageurs, les logeait dans cette chambre, et leur rendait une visite nocturne. Vous comprenez ?

— Oui, je comprends l'histoire ancienne. J'espère que l'histoire moderne ne lui ressemblera pas.

— Non, rassurez-vous, dit-elle en riant; nous n'étranglerons personne. Le neveu de ce bon gouverneur habitait le château dans son enfance; il a découvert là, sur ma parole, un secret qui nous sera bien utile.

— Mais encore que prétendez-vous faire?

Elle ne répondit pas. Le gouverneur avait donné des ordres pour qu'on apportât là nos bagages; ma compagne ouvrit une valise, en tira une magnifique robe de brocart, un large cordon bleu et un petit médaillon, dans lequel je reconnus le portrait d'Anne d'Autriche. Puis, me conduisant à un miroir, elle me pria d'y considérer attentivement mon image.

— Ne trouvez-vous pas, dit-elle en me plaçant ensuite le médaillon sous les yeux, que vous avez avec feu la reine mère une grande ressemblance?

— Oui, c'est possible... Après? murmurai-je, ne voyant en aucune sorte où elle voulait en venir.

— Seulement, continua madame Arnoul, vos cheveux sont plus bruns; mais j'ai là une préparation qui les rendra châtain-clair. Nous vous grossirons la taille, et le roi lui-même y sera trompé.

— Qu'est-ce à dire? prétendez-vous me faire jouer, par hasard, le rôle du fantôme d'Anne d'Autriche?

— Juste, vous y êtes.

— Mais c'est une profanation.

— Lorsqu'il s'agit de décider Louis XIV à quitter la Montespan?... je ne suis pas de votre avis, ma chère, et je trouve, moi, que nous ferons un acte méritoire.

Je la regardai fixement, elle ne plaisantait pas.

— D'ailleurs, reprit-elle, j'ai votre parole, votre parole solennelle. Vous avez juré sur l'Évangile et sur l'honneur de me venir en aide.

— Oui, je l'avoue; cependant...

— Point d'observations, je n'en accepte pas.

— Mais si l'on évente la ruse?

— Impossible, fiez-vous à moi.

J'eus beau la questionner sur la manière dont elle allait s'y prendre, elle remit au lendemain pour m'instruire davantage; puis elle se coucha et s'endormit. Le gouverneur inquiet envoya un domestique frapper à notre porte, dès cinq heures du matin, pour savoir de nos nouvelles.

— Allez dire à notre hôte, cria madame Arnoul, que les revenants sont fort honnêtes, et nous ont laissé dormir le plus paisiblement du monde.

Toute la cour arriva le lendemain. Du rez-de-chaussée jusques aux combles le château fut rempli, et la pièce voisine de la nôtre eut effectivement l'honneur de servir de chambre à coucher au grand roi.

Fatigué du voyage, Louis XIV s'était mis au lit, dès neuf heures. À minuit, nous commençâmes nos préparatifs. Madame Arnoul procéda gravement à ma toilette royale. Elle me grossit le corsage et les hanches, teignit mes cheveux; me passa la robe de brocart, et me décora du cordon bleu. Cela fait, elle glissa la main dans la gueule de la chimère. Le panneau s'ouvrit, et feu la reine Anne d'Autriche entra dans la chambre du roi.

Sa Majesté dormait d'un sommeil paisible. Je m'avançai jusqu'au bord du lit. Ma compagne, restée à l'entrée de l'ouverture secrète, agitait une espèce de torche phosphorescente, qui jetait sur toute la pièce une clarté lugubre. Avant de paraître, j'avais tenu près d'un quart d'heure une de mes mains dans un vase d'eau glacée. Je posai cette main sur le bras du monarque endormi. Louis XIV se réveilla en sursaut.

Il ouvrit des yeux hagards, se dressa sur son séant avec épouvante, et murmura d'une voix étouffée :

— Ma mère ! ma mère !

Je portai un doigt à mes lèvres, et je plaçai sur la table de nuit un papier que j'indiquai au roi d'un air courroucé. Puis je m'éloignai lentement, à reculons. Madame Arnoul éteignit sa torche, avança la main pour me faire rentrer dans notre chambre, et le panneau se referma.

Franchement j'étais à demi-morte de peur. Je trouvais que nous venions de jouer gros jeu.

Si j'avais fait trembler Louis XIV, je puis dire que j'avais tremblé plus que lui. Ma haine pour la favorite me coûtait de singulières transes. A peine étions-nous rentrées, que nous entendîmes dans la pièce voisine le son d'un timbre, puis la voix du valet de chambre, notre complice, qui disait :

— Miséricorde ! qu'avez-vous donc, sire ?

— Un flambeau ; répondit Louis XIV, vite un flambeau.

Sa voix frissonnait encore de terreur. Nous comprîmes qu'il voulait lire le papier déposé dans son voisinage.

Avant notre départ, madame Arnoul s'était procuré de l'écriture d'Anne d'Autriche. Elle avait imité cette écriture avec une habileté extraordinaire, ne voulant pas que je parlasse, dans la crainte que la frayeur du roi ne fût pas assez grande et qu'à mon accent il se doutât de la fourberie. Voici la lettre du fantôme :

« Sire,

« Le ciel est irrité de vos désordres. Deux maîtresses, avouées publiquement, donnent à votre royaume un scandale auquel il faut, dès aujourd'hui, mettre un terme, surtout pour celle de vos liaisons qui blesse les lois du mariage, et vous rend coupable d'un double adultère. Dieu a permis que je vous avertisse moi-même. Ce papier, que je laisse entre vos mains, lisez-le, mon fils ; pesez chaque parole : il vous prouvera, lorsque j'aurai disparu, que vous n'avez point été victime d'une illusion. Repentez-vous, sire, et ne forcez plus les morts à quitter la tombe.

« ANNE D'AUTRICHE. »

Nous entendîmes de nouveau la voix de Louis XIV.

— Qu'on reste près de moi, cria-t-il, et qu'on n'éteigne pas les lumières.

Il me fut impossible de fermer l'œil de toute la nuit. Je tremblais qu'une idée ne vînt au monarque, idée fort simple, et qui aurait aussitôt fait découvrir la fraude. Évidemment, si par ses ordres, on eût sur l'heure visité les appartements voisins, nous étions perdues sans retour, à moins de soutenir que la feue reine, avant de retourner dans l'autre monde, avait laissé par mégarde sa défroque dans nos valises.

Aussi, dès le point du jour, notre premier soin fut de plier bagage.

Nous reprîmes le chemin de Sainte-Marie-aux-Mines, où, le soir même, nous eûmes la joie de voir repasser le carrosse de la Montespan. Je ne pus me défendre de la tentation de m'approcher de sa voiture, et de lui crier à la portière :

— Bon voyage, madame !

Elle tressaillit et tourna la tête.

— Qui êtes-vous ? murmura-t-elle.

— Je suis le frère de mademoiselle de Lenclos.

— Que m'importe ? Retirez-vous, je ne vous connais pas.

— Daignez me pardonner si j'insiste ; mais vous ne connaissiez pas non plus ma sœur et vous l'avez outragée, sous une avenue de Saint-Cloud, de la manière la plus sanglante.

— Eh ! monsieur !...

— Voilà pourquoi, madame, je suis bien aise de vous dire que je ne crois pas Ninon étrangère à votre disgrâce.

A ces mots, je lui fis un salut ironique, et je disparus sans lui laisser le temps de me répondre.

De retour à Paris, on devine que je n'eus garde de publier cette aventure. Il y avait de quoi m'envoyer aux *Repenties* faire une seconde visite, qui aurait probablement duré plus longtemps que la première. Je n'instruisis même personne de mon voyage dans les Vosges. Il fallait écarter de moi jusqu'à l'ombre du soupçon, si jamais on venait à découvrir le secret des manœuvres audacieuses de madame Arnoul au château de Ribeauvillers.

Je repris les séances de mon cercle, où madame de la Sablière, alors à Paris avec la Fontaine, se montra fort assidue.

Elle était de mon âge et beaucoup moins bien conservée que moi, ce qui ne l'empêchait pas d'avoir de nombreux courtisans. Petit à petit elle réveilla chez moi les instincts de dissipation et de légèreté. Je réussis à combattre, sinon le souvenir, du moins le chagrin. Ma cour se reforma, plus brillante, plus nombreuse, et tous mes anciens amants reparurent en compagnie de nouveaux adorateurs. Marsillac, alors duc de la Rochefoucauld, rentré complétement en grâce, et devenu chevalier des ordres du roi, ne manquait pas une de mes réunions.

Il me montra les *Maximes* qu'il venait d'écrire. Si le style du livre obtint mes éloges, en revanche, je blâmai l'auteur d'avoir en quelque sorte prêché la philosophie de l'égoïsme, en soutenant que l'amour de soi guide l'homme en tout ici-bas, et devient l'unique mobile de ses actions.

Mais la visite qui me causa le plus de joie, à cette époque, fut celle de mon vieux Corneille, alors âgé de soixante et dix ans.

Il s'occupait toujours de théâtre, et franchement je dois ici lui donner tort, car l'heure était venue pour lui de se reposer tranquillement de ses travaux tragiques. Après *Agésilas* et *Attila*, dont le succès avait été plus que douteux, il voulait, à toutes forces, une revanche; mais il fut loin de la prendre avec *Suréna*.

Corneille était profondément convaincu de l'injustice et du mauvais goût du public. Il n'eût pas fallu le pousser très-loin ni très-fort pour lui faire dire que les pièces, dont je viens de donner le titre, étaient supérieures au *Cid*.

On préfère toujours les enfants de sa vieillesse.

X

Le grand poëte avait un neveu, déjà connu par de très jolis vers et par des pastorales remplies de grâce et de fraîcheur. Il me le présenta. Bientôt M. Boyer de Fontenelle acquit dans mes assemblées la réputation qu'il méritait, c'est-à-dire celle d'un galant homme et d'un homme d'infiniment d'esprit. Sa verve pétillante, la finesse de ses traits, l'audace adorable de ses répliques, eurent un succès prodigieux. Je me souviens encore de la réponse qu'il fit un jour à madame de la Sablière.

Elle se plaisait à le tourmenter et l'agaçait perpétuellement.

— On ne vous connaît point de maîtresse, monsieur, disait-elle, et, d'autre part, vous ne semblez pas disposé à prendre femme. C'est une indifférence coupable, dont je vous blâme fort.

— J'avoue mon crime, dit le neveu de Corneille, et je demande très-humblement pardon, madame, à vous et à votre sexe.

— Mais quel homme êtes-vous donc?

— C'est une question que je n'ai jamais tenté d'approfondir.

— Par modestie sans doute?

— Vous ne le croyez pas, comtesse, puisque je suis, en ce moment, l'objet de vos attaques.

— Enfin, mettez-y quelque franchise : ne vous prend-il jamais envie d'être marié?

— Quelquefois, le matin, répondit Fontenelle avec le plus grand sérieux.

Après ces conversations, où l'esprit n'excluait jamais le bon goût et la décence, je décrochais mon luth et je chantais les airs de Lulli, dont la renommée grandissait chaque jour, et qui venait d'être élevé au grade de surintendant de la musique du roi.

Nous terminions la soirée par des lectures. M. Racine nous déclama les cinq actes d'*Iphigénie*, et madame de la Fayette nous lut quelques-uns des plus jolis passages de son *Histoire d'Henriette d'Angleterre*, qu'elle achevait alors. Elle était, avec la duchesse de Montausier, ma meilleure et ma plus sincère amie. Ni l'une ni l'autre ne me donnèrent jamais que de bons exemples.

Malheureusement il n'en était point ainsi de mon côté.

Cela n'empêchait pas madame de la Fayette de me témoigner l'affection la plus tendre; elle ne pouvait souffrir que je fusse brouillée avec quelqu'un.

— A propos, me dit-elle ce soir-là, je vous invite à être franche et à m'avouer sans détour ce que vous avez fait à madame de Sévigné.

— Moi?... rien.

— C'est impossible. Elle est furieuse contre vous et ne veut même pas entendre prononcer votre nom.

— Juste comme autrefois madame de Villarceaux, m'écriai-je en éclatant de rire; mais du moins cette nouvelle ennemie a-t-elle des connaissances historiques trop exactes pour me confondre avec le roi des Assyriens.

— Vous avez tort, ma chère, de ne pas prendre mes paroles plus au sérieux. Est-il vrai que vous teniez dans vos chaînes le petit marquis de Grignan?

— Je le confesse.

— Après vos aventures avec Charles de Sévigné, son père? dit-elle en joignant les mains avec surprise.

— Et avec Henri de Sévigné, son grand-père, ne l'oublions pas, m'écriai-je.

— Mais, Ninon, vous êtes folle.

— Pourquoi donc? Est-ce ma faute si l'amour se transmet de générations en générations et par héritage?

Madame de la Fayette se mit à rire.

— Il faut, lui dis-je, vous en prendre à cette maudite beauté, qui s'obstine à ne pas s'en aller avec les ans. Que voulez-vous que s'y fasse, moi?

— Vous tenez donc beaucoup au marquis?

— Pas le moins du monde. C'est un être au-dessous de la définition : âme de bouillie, corps de papier mâché, cœur de citrouille fricassée dans de la neige.

— Alors pourquoi donner tant de chagrin à son aïeule?

— Mon Dieu, je vous jure que je suis toute prête à la consoler.

L'historienne de madame Henriette m'embrassa pour cette réponse.

— Que faut-il faire? demandai-je.

— Une chose très-simple : rompez avec son petit-fils, elle devient votre amie.

— Vraiment?... Puisque la chose se présente de la sorte,

arrangez-nous, ma chère. Entre l'amour et l'amitié, je ne balance pas.

Elle déclara qu'elle viendrait me voir, le lendemain, pour aller ensemble chez madame de Sévigné. Je mentais un peu en disant que je ne tenais point au petit marquis. Malgré ses défauts réels et sa nature à la glace, ou peut-être même à cause de cela, je m'en étais si bien coiffée, que ma liaison seule avec Condé pouvait soutenir le parallèle.

S'il faut parler net, je ne vois rien d'aussi risible que la façon dont la plupart des amants traitent ensemble : colère, sérieux, fureurs, on dirait qu'il s'agit de l'intérêt de deux républiques.

Voici quelle avait été d'abord l'origine de nos querelles. M. Racine s'avisa de conduire Grignan chez la Champmeslé. Le marquis était curieux de voir de près la fameuse actrice, qui tenait alors le sceptre de la tragédie, et dont le succès de larmes, dans *Andromaque*, était vraiment quelque chose de prodigieux. En elle-même, cette visite n'avait rien de bien répréhensible. Mais voilà tout à coup la Champmeslé qui manœuvre de la paupière, tombe amoureuse du marquis, et jure de me l'enlever. Ceci devenait une affaire grave.

L'orgueil, chez moi, fut aussi blessé que l'amour. Grignan n'osait plus paraître en ma présence; il se bornait à m'écrire et à m'accuser de jalousie.

« Moi, jalouse! lui répondis-je aussitôt, détrompez-vous, Monsieur. Je veux désormais prendre ma rivale pour modèle; je veux me réformer sur ses perfections, et je vais tâcher d'imiter ses grâces. Bientôt ma voix ne sera plus naturelle, j'aurai toujours l'air d'une princesse malheureuse, et passionnée. Je vais substituer chez moi le manége au sentiment, l'art à la franchise, la basse flatterie à la fierté. Le rouge, le blanc et mille autres agréments semblables vont corriger les défauts que la nature a pu laisser en ma personne. Au lieu de ces grands yeux noirs et assez bien fendus, je veux les avoir petits et ronds comme les siens. Au lieu de cette blancheur, que vous pourriez trouver fade, je prendrai la peau de ma rivale, cette peau grisâtre et parcheminée qui vous paraît, je gage, du plus beau brun du monde. En un mot, je m'appliquerai de toutes mes forces à rendre le portrait ressemblant, puisque m'enlaidir est désormais l'unique moyen de vous plaire. »

Le marquis revint et tâcha de me prouver que j'étais injuste, mais sans pouvoir y réussir. Bientôt j'appris que je n'étais pas la seule avec laquelle il entretenait une correspondance. Andromaque lui écrivait des lettres fort chaleureuses.

Je le somme de m'apporter ces lettres.

Il obéit; mais, deux jours après, il les retire sournoisement d'un tiroir où je les avais mises, craignant que je ne les envoyasse à certain mousquetaire gris, amant en titre de la tragédienne, et qui, dans cette occasion, n'eût pas ménagé les coups de baudrier à l'infidèle.

Dès le soir même, j'eus l'explication de la conduite de Grignan. Sa grand'mère lui avait fait honte, disant qu'il serait déshonoré, s'il ne reprenait les lettres, coûte que coûte.

A cette nouvelle, j'entre en fureur. Le marquis veut m'apaiser; je le chasse, et je cours à Saint-Germain m'enfermer dans une petite maison de plaisance que M. de la Fare m'avait échangée contre celle de Picpus, dont le séjour m'était devenu odieux. Racine et Boileau m'amènent, le lendemain, Grignan tout en larmes.

Il me jure qu'il n'a jamais aimé la Champmeslé. On me supplie d'être généreuse envers ma rivale, qui regrette de tout son cœur un mouvement de coquetterie... que sais-je?

C'était une scène arrangée.

La porte s'ouvre. Andromaque paraît, tombe à mes genoux, pleure et me demande grâce. Bref, il y eut une paix générale, une réconciliation complète. Madame de Sévigné, instruite, je ne sais comment ni par qui, de ces circonstances, écrivait à son autre petit-fils :

« Votre frère ne quitte plus Saint-Germain. Il est entre Ninon et une comédienne, avec les Racine et les Despréaux sur le tout. »

Un mois déjà s'était écoulé depuis l'aventure de Saint-Germain. Instruite de la peine que mes folies causaient à une femme pour laquelle j'avais autant de vénération que d'estime, et touchée par les conseils de madame de la Fayette, je me décidai à en finir. Toutefois j'étais curieuse d'apprendre pour quelle secrète raison la grand'mère du marquis désirait si fort cette rupture. Je ne devais pas tarder à le savoir.

Le lendemain, madame de la Fayette tint parole, et me conduisit chez la femme illustre qui manquait à mon cercle.

Madame de Sévigné n'a jamais été bien jolie. Elle a le nez long et pointu, les narines très-ouvertes et quelque chose d'un peu pédant dans la physionomie; mais tout cela ne laisse pas que de lui donner grand air. Elle me reçut avec une politesse gracieuse. Douée d'un tact exquis et d'une grande bienséance, elle ne me parla pas la première du sujet de ma visite. Je compris sa réserve, et je lui dis :

— Veuillez, madame, être assez bonne pour m'expliquer vos craintes à l'égard de M. de Grignan. S'il quitte une maîtresse, pensez-vous qu'il n'en retrouve pas une autre?

— Ah! mon Dieu, qu'il en retrouve dix, peu m'importe, répondit-elle vivement, pourvu que dans ce nombre il ne se rencontre pas une Ninon.

— Et le motif, madame, de grâce ?

— Parce que je ferai toujours en sorte de le préserver, avant son mariage, d'un attachement sérieux.

— Croyez-vous qu'il s'attache plus sérieusement à moi qu'à... la Champmeslé, par exemple?

— J'en suis convaincue, mademoiselle. Vous avez tout ce que les autres n'ont pas. Avec votre esprit, votre amabilité, vos talents et cette merveilleuse conservation de vos charmes, qui est pour tous les hommes un attrait irrésistible, nous ne le marierons certainement jamais.

Il y avait dans cette réponse quelque chose de trop obligeant pour que je ne m'exécutasse pas sur l'heure. Le bureau de madame de Sévigné était ouvert, à quelque distance; j'y allai prendre une plume, et j'écrivis ce billet, d'un laconisme remarquable :

« Je ne vous aime plus.

« NINON. »

— Vous pouvez, madame, dis-je en me rapprochant, envoyer vous-même au marquis cette déclaration de rupture : il sait que mes arrêts, dans ce genre, sont toujours irrévocables.

Elle poussa une exclamation joyeuse et m'ouvrit les bras. Je perdais un amant, mais je gagnais une amie.

Dès ce jour, madame de Sévigné voulut bien consentir à honorer mes réunions de sa présence, et me défendit envers et contre tous, témoin ce passage d'une lettre qu'elle écrivit dix ans plus tard, à M. de Coulanges :

« Il faut que je vous mande des merveilles de la bonne compagnie que l'on trouve chez mademoiselle de Lenclos. Ainsi, quoi qu'en dise madame de Coulanges, elle rassemble tout sur ses vieux jours, les hommes et les femmes. »

Le marquis de Grignan (je dois l'avouer, puisque je dis avec une égale franchise et ce qui peut m'attirer le blâme et ce qui est à ma louange) ne me parut pas un modèle de résignation. Ce fut à son tour d'entrer en fureur. Mais je tins ferme, et je lui signifiai ma volonté de la manière la plus catégorique et la plus formelle.

— Résignez-vous, mon cher, lui dis-je, à ne plus entrer chez moi qu'à titre d'ami.

L'année suivante il se maria. Je reçus de lui, le lendemain de ses noces, le billet le plus étrange qu'un nouveau marié puisse écrire. On jugera du contenu de ce billet par ma réponse :

« Quoi ! marquis, tous vos lauriers sont changés en cyprès, et, pour avoir eu trop de vivacité, vous voilà réduit au rôle d'un homme qui en manque? Faire naître un moment favorable, et, le cœur plein d'amour, ne pouvoir en profiter, quelle humiliation! Je conçois votre désespoir. Néanmoins, malgré la compassion que vous m'inspirez, je n'ai jamais ri de si bon cœur qu'en lisant votre lamentable récit. Ce que vous appelez une *déconvenue* est délicieux, et je vous trouve superbe, quand vous m'assurez qu'il *fallait qu'on vous eût ensorcelé*. Pour moi, je suis bien aise que vous soyez puni par où vous avez péché. Croyez-moi, réconciliez-vous le plus tôt possible avec les *sorciers*, ou plutôt hâtez-vous de vous faire restaurer par Pequet (1). Certes, vous n'aviez pas tort de me dire l'autre jour que vous ressembliez au bonhomme Eson : comme lui, vous avez besoin de vous faire bouillir dans une chaudière avec des herbes fines, pour vous ravigoter un peu. L'idée n'est pas à négliger, je vous assure. De quelque façon que ce soit, sortez de l'état d'opprobre où vous êtes. Rien de si piquant pour nous que d'avoir les faiblesses en pure perte; nous ne pardonnons que celles dont un amant sait profiter. D'ailleurs, ne l'oubliez pas, mon cher, une femme légitime peut se venger de ces sortes d'accidents d'une manière plus terrible que nous. »

Il y avait de quoi se moquer de cet époux transi, et je m'en donnais à cœur joie. Je commençais alors à cultiver beaucoup le genre épistolaire, où il est rare qu'une femme ne réussisse pas lorsqu'elle veut s'en donner la peine. Caqueter et tailler des bavettes par écrit, voilà tout le secret.

Pourtant j'avais des prétentions plus hautes, et, dans ma

(1) Fameux traiteur de l'époque.

correspondance avec Saint-Évremond, je traitais parfois des points de philosophie très-solennels. Il me répondait avec une grande régularité; mais le plaisir que je trouvais à lire ses lettres ne valait pas celui que m'eût apporté sa présence, et je souffrais de voir ainsi se prolonger son exil. De tous mes vieux amis, c'était le seul qui me fît défaut.

Comme la faveur de madame Scarron à la cour prenait décidément une tournure sérieuse, il me vint à l'esprit d'user de son influence pour obtenir le rappel de Saint-Évremond. Elle me promit de saisir la première circonstance favorable pour attirer là-dessus l'attention du roi.

Mon histoire marche si vite, que je laisse, de temps à autre, quelques événements en arrière : ainsi, je m'aperçois que j'oublie Mademoiselle et ses malheureuses amours.

Deux mois avant mon voyage dans les Vosges, c'est-à-dire antérieurement à la disgrâce de madame de Montespan, la fille de Gaston avait payé la liberté de Lauzun du sacrifice de la plus grande partie de ses biens. La souveraineté de Dombes et le duché d'Eu devinrent l'apanage du fils aîné de mon ennemie. Quand le roi et la Montespan eurent moissonné le plus beau et le meilleur, arriva M. de Lauzun, qui se mit à glaner après eux. Il obtint de Mademoiselle le duché de Saint-Fargeau, affermé vingt-deux mille livres; la baronnie de Thiers en Auvergne, d'un rapport de trois mille écus, et se fit donner, en outre, une rente de six mille livres sur les gabelles du Languedoc. Beaucoup de gens auraient passé volontiers cinq ans à Pignerol pour se faire, à ce prix, quarante milles livres de rente.

Encore si la pauvre femme avait acheté le bonheur!

Mais elle n'eut en échange de tout cela que des chagrins et des déboires. Lauzun la visitait à Choisy, où elle avait fait bâtir une petite maison de plaisance. Jamais homme ne se comporta d'une manière plus indigne.

Chacun se figura qu'ils étaient mariés en secret. Si l'ancien colonel des dragons n'eût été que l'amant de la cousine du roi, il semblait qu'elle aurait dû sans retard, pour le soin de sa propre dignité, provoquer une rupture. Il lui faisait les scènes les plus scandaleuses, les affronts les plus sensibles. En présence de témoins, il osa lui reprocher, un jour, de porter une toilette peu en rapport avec son âge. A l'entendre, elle ne l'avait payé que médiocrement des tortures essuyées pour elle à Pignerol. Il lui extorquait à toute minute, soit de l'argent, soit des pierreries, qu'il allait perdre au jeu. Pour achever, il voulut la contraindre à lui donner le gouvernement de ses biens, afin de la dévaliser plus à l'aise. Mais elle résista. Leur vie était un enfer.

Pauvre Mademoiselle! Soyez donc fille de rois! Quelle destinée!

Elle finit par tomber dans la dévotion la plus extrême.

Déjà la cour venait de recevoir un grand exemple du même genre. Pour les cœurs blessés la religion est le plus sûr asile. Mademoiselle de la Vallière, retirée depuis six mois aux Carmélites, prit le voile et prononça des vœux irrévocables. Sous le nom de sœur Louise de la Miséricorde, elle vécut, dès lors, comme une sainte, oubliant toutes les douleurs et tous les dégoûts que lui avait donnés l'amour d'un roi.

Quant à l'autre favorite, elle ne se décourageait pas, et

cherchait, par tous les moyens possibles, à reprendre Louis XIV dans ses chaînes. C'était un caractère sans vergogne et sans pudeur. Elle subissait les rebuffades, buvait les affronts, mais ne regagnait pas, Dieu merci, le terrain qu'elle avait perdu.

Décidément Françoise l'emportait. Tous les jours le roi lui rendait visite, sous prétexte d'aller caresser les enfants.

Il lui témoignait la plus haute estime et prenait un vif plaisir à son entretien. De plus en plus enchanté de son esprit et de sa nature aimable, il lui acheta, du côté de Chartres, un domaine dont il voulut qu'elle portât le nom. Le malheureux poëte cul-de-jatte ne se doutait guère, de son vivant, qu'il dût compter au nombre de ses successeurs le plus glorieux monarque du monde.

Cédant au désir de Louis XIV, Françoise s'appela désormais madame de Maintenon. Quelques mauvais plaisants de la cour parodièrent aussitôt le mot, et la nommèrent madame de *Maintenant*.

Presque toutes les semaines elle venait me voir. Quand elle ne pouvait sortir, j'allais au Louvre.

Son premier soin, comme on le pense, avait été de se débarrasser de madame Arnoul, dont les intrigues et les cartes ne pouvaient plus que la compromettre. Elle lui donna vingt mille écus et la maria à un intendant de marine de Marseille. J'étais émerveillée du succès de mon amie ; j'oubliais les menées étranges qui l'avaient conduite à ce comble de fortune. Ma vengeance contre la Montespan devenait complète, et Françoise profitait de sa ruine : n'était-ce pas double bonheur? Cependant il me déplaisait de la voir conserver le masque religieux, qu'elle avait pris, je le savais mieux que personne, pour arriver à ses fins. L'hypocrisie m'a toujours paru le plus abominable des vices.

— Explique-moi donc un peu, lui dis-je, comment ton directeur te permet de communier deux fois la semaine.

— Apparemment il m'en trouve digne, répondit-elle.

— Par exemple! Alors tu lui laisses ignorer les visites amoureuses du roi? Ce serait pourtant, j'imagine, la première chose qu'il faudrait dire.

Elle me regarda d'un air scandalisé.

— Ma dévotion, dit-elle, est sincère, et mon confesseur n'a point à intervenir dans les relations qui existent entre moi et Sa Majesté.

— Ton confesseur n'a point à intervenir...

— Non, vraiment.

— Tu plaisantes?

— Je ne plaisante pas sur ces matières.

— Voilà qui est fort!

Sa figure prit une expression digne.

— Jamais, dans ses visites, me dit-elle, le roi ne s'est écarté des règles de la décence; jamais un mot, jamais un geste, jamais un coup d'œil, ne m'ont laissé supposer...

— Voyons, Françoise, voyons! Ce n'est pas à moi qu'il faut conter ces histoires.

— Devant Dieu, je jure que je ne lui ai rien accordé!

C'était net et clair. J'aurais eu mauvaise grâce à persévérer dans mes doutes, et Louis XIV, en s'attachant peu après à mademoiselle de Fontanges, me donna la preuve évidente que Françoise n'avait pas menti.

La nouvelle favorite passa comme un météore; elle ne brilla un instant que pour mieux s'éteindre et disparaître.

On n'aurait même pas conservé son souvenir, sans la coiffure bizarre qu'elle inventa et qui garde encore son nom. C'est une espèce d'édifice en fil de fer et à plusieurs étages, sur lequel on place quantité de morceaux de mousseline, séparés par des rubans entrelacés de boucles de cheveux. Il se décompose en huit pièces principales, appelées la *duchesse*, le *solitaire*, le *chou*, le *mousquetaire*, le *croissant*, le *firmament*, le *dixième ciel* et la *souris*. Jamais plus sotte imagination n'a passé dans le cerveau d'une femme. Ce qu'il y a d'inouï, c'est que la mode en a duré près de dix ans.

Madame de Maintenon ne parut s'inquiéter en aucune sorte de la passion du roi pour mademoiselle de Fontanges. Elle s'occupait, pendant ce temps-là, de pousser son confesseur à la cour. Le père la Chaise finit, grâce à elle, par obtenir l'insigne honneur de diriger la conscience de Louis XIV. Il était de la compagnie de Jésus et ferré de tout point sur les maximes d'Escobar. Sans contredit, ce fut le tour le plus habile de la veuve Scarron.

Fontanges disparut, et le roi n'eut plus d'autres amours que celles qui lui furent permises par son sage et prudent directeur.

Le père la Chaise ne fut pas ingrat envers sa protectrice. Il est probable qu'à partir de cette époque, et sans cesser pour cela de communier deux fois la semaine, elle eut la permission d'être moins sévère lors des visites amoureuses de Sa Majesté. N'est-il pas avec le ciel des accommodements?

XI

Une véritable bataille littéraire s'engageait, en ce temps-là, d'un bout de Paris à l'autre, à propos de la *Phèdre* de M. Racine et de la *Phèdre* de M. Pradon. Tous les cercles étaient en rumeur.

Il y avait entre les deux ouvrages la différence qui existe entre la première étoile et le plus grossier des flambeaux terrestres, entre l'ombre et le soleil, entre le jour et la nuit; l'un était un éclatant chef-d'œuvre, et l'autre quelque chose d'informe, de ridicule et de présomptueux comme son auteur. Pourtant la *Phèdre* de M. Pradon fut un instant déclarée supérieure à la *Phèdre* de M. Racine, et le parterre accueillit ce jugement inique, sans exemple dans les fastes des lettres.

Heureusement pour l'honneur de notre siècle, nos petits neveux ne voudront pas le croire.

Madame Deshoulières eut le tort très-grave de se joindre à la troupe d'envieux qui essayaient de ternir la renommée du seul écrivain qui, jusqu'alors, se fût montré digne de succéder à Corneille. Je dis « le tort très-grave, » parce que, ne pouvant, dans cette circonstance, accuser l'esprit de la *Calliope française*, je suis obligée d'accuser son cœur.

Du reste, hâtons-nous de dire que le triomphe du mauvais goût n'eut pas longue durée. La cabale en fut pour sa courte honte.

On s'occupait beaucoup alors de questions religieuses. Rome et le grand roi se trouvaient en désaccord au sujet de l'affaire de la *Régale*. En cela, tous les évêques de France flagornèrent Louis XIV à l'envi l'un de l'autre, au grand préjudice de l'autorité du saint-siége, dont ils devaient se montrer avant tout les soutiens. Pas n'est besoin d'être casuiste ni versé profondément dans la science de la théologie pour comprendre que le droit de nommer aux évêchés ne peut être laissé au caprice des cours. Ce serait un moyen sûr de donner gain de cause à l'ambition et à l'intrigue.

Messieurs du clergé ne firent preuve dans la circonstance ni de bonne foi ni de sagesse. On les blâma très-fort d'avoir été courtisans lorsqu'ils devaient être orthodoxes.

A mesure que les heures inflexibles me poussent vers la vieillesse, les années pour moi deviennent moins pleines, et les pages que je consacre à raconter ma vie sont nécessairement plus courtes. La mort frappait à chaque instant autour de moi des personnes qui m'étaient chères, ou avec lesquelles j'avais vécu dans l'intimité.

Madame de Chevreuse venait de mourir à Port-Royal.

Une autre femme, plus célèbre encore par son esprit et sa beauté, ne devait pas tarder à la suivre dans la tombe. Je parle de madame de Longueville, dont le souvenir s'attachait à mes plus beaux jours, à ma plus précieuse affection, à ma plus douce ivresse de cœur. La noble et gracieuse reine de la Fronde, l'amante de Marsillac, la sœur du grand Condé, mourut aux Carmélites dans l'exercice des plus rudes mortifications. Depuis longtemps elle avait renoncé au monde pour s'occuper exclusivement de son salut. Madame de Sévigné, qui la visitait dans sa retraite, nous parlait souvent d'elle et l'appelait *sainte et pénitente princesse*, ne trouvant pas assez d'éloges pour les sublimes vertus dont elle donnait l'exemple.

Cette mort me donna sérieusement à réfléchir.

La duchesse de Longueville était à peu près de mon âge. Si l'heure a sonné pour elle, ne sonnera-t-elle pas bientôt pour moi? Mener une vie si peu en rapport avec cette fatale rapidité des ans, qui, chaque jour me rapproche de la tombe, n'est-ce point une conduite imprévoyante et folle? ma philosophie pourra-t-elle, là-haut, me tenir lieu du repentir?

Il y eut une personne que la fin de madame de Longueville devait encore affecter plus que moi. Je n'ai pas besoin de nommer la Rochefoucauld.

Sa douleur fut aussi grande qu'avait été jadis son amour. Il lui sembla que, cette âme une fois envolée de la terre, la sienne devait la suivre. François me prédit qu'il mourrait avant la fin de l'année. Sa prédiction se réalisa ; mes larmes coulèrent sur un nouveau cercueil. Je perdais le plus cher ami de mon enfance.

Où sont, hélas! nos belles années du château de Loches, et nos jeux sous les grands ombrages du parc, et notre fuite dans les bois, et le souper de Jacqueline, et cette terrible révélation de mon sexe, suivie d'émotions si douces, de si tendres battements de cœur!

Plus d'un demi-siècle s'est écoulé depuis cette bienheureuse époque d'innocence et d'amour.

Ah! que la vie la plus longue paraît courte, quand on regarde derrière soi pour interroger le souvenir! Il semble à l'enfant qu'il n'épuisera jamais la longue série des jours, et le vieillard s'étonne de trouver le berceau tout près de la tombe. J'étais plongée dans une mélancolie sombre. En vain mes amis essayaient de rappeler ma gaieté disparue. Le Nôtre vint m'annoncer qu'il partait pour Rome. Il engagea vivement madame de la Fayette et moi à l'accompagner dans ce voyage.

— Nous aurons avec nous, dit-il, le poëte Santeuil, un gros chanoine de Saint-Victor, dont la verve caustique et l'originalité nous amuseront pendant la route.

J'acceptai de grand cœur cette distraction qui venait s'offrir si à propos. Lors de mon premier voyage en Italie, je n'avais pas vu Rome. Madame de la Fayette brûlait d'étudier la cour du pape. Huit jours après, nous étions, avec le jardinier royal et Santeuil, sur le chemin de Genève, d'où nous devions gagner Turin, Parme, Florence, et enfin les États de l'Église.

Le joyeux chanoine nous défraya de plaisanteries, que nous ne trouvions pas toujours marquées au coin de la décence et de la délicatesse, surtout quand il s'était livré comme cela ne lui manquait pas de lui arriver plus d'une fois le jour, à son goût excessif pour la boisson. Mais le sans-gêne du voyage nous aidait à passer sur bien des choses. Santeuil allait à Rome afin d'obtenir l'approbation du saint-père et des cardinaux à un recueil d'hymnes latines qu'il destinait au rite dans toute l'étendue de la chrétienté.

Quant à Le Nôtre, il était appelé par le pape lui-même. Sa réputation avait franchi les Alpes, et Louis XIV, réconcilié décidément avec le souverain pontife, consentait à lui prêter pour quelques mois le célèbre jardinier. Il s'agissait de dessiner les parterres du Vatican. Nous arrivâmes à Rome sur la fin de mars.

Madame de la Fayette et moi, nous obtînmes la faveur d'être présentées avec nos deux compagnons de route à l'audience solennelle du pape.

Je me souviendrai longtemps de la charmante bonhomie dont Le Nôtre fit preuve en entrant dans la salle d'audience, où le Saint-Père nous attendait, environné des membres du sacré collége. Au lieu de se prosterner, comme c'est l'usage, et de baiser pieusement la mule du pontife, il s'écria :

— Eh! bonjour, mon révérend père! Que vous avez bon visage, et combien je suis ravi de vous trouver en si bonne santé!

Puis, à la fin de cette exclamation aussi cordiale qu'étrange, il alla se précipiter au cou du pape. Il le baisa sur les deux joues, sans plus de façon que s'il eût abordé un simple mortel.

Sa Sainteté rit de bon cœur. Elle accepta comme on la lui donnait cette franche et naïve accolade, nous fit mille amitiés et voulut qu'on nous servit une collation. Le pape descendit ensuite avec nous dans les jardins, qui étaient vraiment de fort mauvais goût, comparés à ceux des Tuileries et de Versailles. Il nous conduisit vers une espèce d'étang où nageaient d'énormes poissons, parmi lesquels il nous montra des carpes deux fois centenaires.

Je ne trouvais rien de bien curieux à cela.

Mais tout à coup, sur un signe du pontife, un des cardinaux qui l'accompagnaient sonna une cloche suspendue à une potence, au bord du bassin même.

Aussitôt les poissons d'accourir en agitant leurs nageoires, et de lever leur tête hors de l'eau. Un page apporta deux corbeilles. L'une était remplie de pain taillé, l'autre de graines diverses, et le pape jeta devant nous toutes ces provisions à ses carpes favorites, qui les eurent absorbées en un clin d'œil. On sonna de nouveau la cloche. Les poissons se livrèrent à quelques évolutions joyeuses, comme pour remercier leur pourvoyeur et disparurent.

— Parbleu ! s'écria le poëte latin, enhardi par le bon accueil fait à la franchise de Le Nôtre, voilà, Très-Saint Père, des religieux bien dressés.

— Des religieux... Que voulez-vous dire ? demanda le pape en se retournant.

— Mais sans doute, reprit Santeuil : n'accourent-ils pas au réfectoire au son de la cloche ? Votre Sainteté devrait proposer ce monastère aquatique pour modèle à tous les autres. Désormais on verrait une observation plus exacte de la règle du silence et de la sobriété, si les moines étaient muets comme ces poissons et ne buvaient que de l'eau.

Le pape fronça le sourcil.

A son exemple, les membres présents du sacré collège regardèrent Santeuil avec un mécontement visible, et je tremblai, dès lors, pour les *hymnes* de notre bavard de poëte. Mes craintes furent justifiées par l'événement. On trouva dans le consistoire que les poésies de Santeuil avaient un parfum de paganisme qui devait empêcher à tout jamais l'Église romaine de les chanter dans les cérémonies du culte.

Plus tard on fut moins injuste; mais, en attendant, le pauvre chanoine dut quitter l'Italie sans voir faire droit à sa requête, et Dieu sait toutes les malédictions burlesques dont il accabla les carpes du Vatican.

Il faudrait des années entières pour visiter Rome, cette ville des ruines, où l'histoire du plus grand peuple du monde est écrite à chaque pas, sur les monuments debout ou renversés. Les pompes du catholicisme nous émerveillèrent; elles sont là plus imposantes qu'en aucun lieu du monde. Seulement il y eut beaucoup de scandale mêlé à notre admiration, et je m'habituais difficilement, pour mon compte, à voir, le matin, à l'autel, les *monsignori*, que je retrouvais ensuite, le soir, dans les bals et les théâtres, affichant leurs mignons ou leurs maîtresses. Je fus presque tentée d'imiter ce juif, qui se convertit en raison même du spectacle de débauche et d'immoralité donné par les cardinaux et le clergé de Rome.

« Une religion, disait-il, capable de résister à tout ce que ses chefs eux-mêmes font pour la détruire, doit être nécessairement divine. »

Il fallut six mois à Le Nôtre pour achever ses travaux de jardinage. Le souverain pontife lui donna dix mille florins avec sa bénédiction, et nous regagnâmes la France au commencement de l'hiver. Hélas! j'étais partie pour échapper aux impressions lugubres que me causaient les coups précipités de la mort, et je n'arrivai que pour la voir frapper une autre victime! Je trouvai mon vieux Corneille à toute extrémité. C'était encore une des plus belles pages de ma vie que le temps déchirait de sa main impitoyable, une de mes plus vives affections qu'il emportait sans retour! Pour moi, le présent n'était plus que le regret du passé; je devais me résigner à chercher un refuge dans le souvenir, ce deuil du cœur!

En comptant l'aller et le retour, je n'avais été que huit mois hors de Paris. Cependant je le retrouvai changé, comme si mon absence eût duré un siècle.

Louis XIV se convertissait décidément et prenait ses précautions contre l'enfer. Toute la cour de l'imiter aussitôt. Jamais on ne vit tant de gens inquiets de leur salut. Sa Majesté coupe sa moustache, les courtisans coupent la leur; Sa Majesté croit que la perruque grise lui donnera un air plus respectable, chacun de poudrer la sienne au plus vite et de se vieillir autant que possible, afin d'attirer par cette prévenance délicate l'attention et la faveur du maître.

Jusqu'alors les femmes seules avaient fait usage de la poudre.

On sait quelles proportions immenses avaient prises les perruques. Les cheveux, que personne ne laissait plus pousser, devenaient d'un prix fou, et se vendaient jusqu'à soixante et quatre-vingts livres l'once. Une belle perruque coûtait mille écus. Heureusement pour les bourses médiocres, on inventa le crêpe. Il s'arrangeait mieux sur la tête, et faisait paraître la perruque très-garnie, quoique plus légère.

Quant aux costumes, ils avaient changé comme les visages.

Le justaucorps, après être devenu casaque, se métamorphosait en habit. Des petits-maîtres, amateurs de l'absurde avant tout, venaient d'inventer la *culotte in-folio*, sorte de vêtement de matelot très-disgracieux au coup d'œil.

On semblait avoir fait la gageure de se rendre plus ridicule de jour en jour, et les femmes, lancées dans cette voie, allèrent bientôt plus loin que les hommes. Elles empruntèrent aux Espagnoles le *vertugadin*, sorte de gros bourrelet qu'elles s'appliquaient à la ceinture pour donner plus d'ampleur aux jupes. Après le *vertugadin* arriva le *panier*, grand cerceau de baleine recouvert de toile, et destiné au même usage. Cela fit prendre aux hanches des proportions si exagérées, que les portes et les rues devinrent trop étroites. On voyait ces dames obligées de marcher constamment de côté, ce qui leur donnait vraiment beaucoup de grâce.

Pour les mœurs, elles étaient empesées et guindées comme les costumes. L'ancienne gaieté française disparaissait chaque jour, avec l'esprit folâtre, les entretiens vifs et délicats, les belles manières.

Je me trouvais presque heureuse de vieillir en remarquant les tendances moroses et taciturnes de mon siècle.

Il faut bien l'avouer, madame de Maintenon contribuait de toutes ses forces à accroître cette propension universelle au genre ennuyeux. Sa dévotion, que j'avais crue d'abord une ruse, était décidément une maladie. Le père la Chaise prenait soin de l'aggraver chaque jour. Peu importait à ce jésuite que la France pérît de tristesse, pourvu qu'il fît ses affaires et celles de son ordre.

Depuis un an bientôt, Françoise m'avait promis de parler en faveur de mon pauvre Marguerite. Il me parut qu'elle ne tenait pas grand compte de sa recommandation et de sa promesse. Je voulus aller la voir au Louvre; mais je ne l'y trouvai point. Elle était alors en train d'organiser le couvent de Saint-Cyr, où elle ne recevait personne, tant elle avait à cœur de dresser elle-même et avec le soin le plus scrupuleux la règle de cette sainte maison.

Il fallut que je lui écrivisse.

Longtemps la réponse se fit attendre. Je présume que la règle manquait encore de quelques articles. Enfin elle daigna m'envoyer de ses nouvelles et m'apprendre que le roi consentait à rappeler l'exilé, pourvu qu'il donnât preuve de repentir. Cette preuve consistait en une lettre respectueuse et soumise à envoyer de Londres à Louis XIV.

Je m'empressai d'avertir Marguerite, pensant qu'il serait heureux, à ce prix, de regagner la France; mais je me trompais, car il voulut rester en exil. Depuis quinze ans il habitait l'Angleterre. Il avait pris les habitudes et presque les mœurs du pays; il se trouvait vieux, cassé. Un pareil dérangement, disait-il, n'était plus de saison. Du reste, il joignait à son refus tant d'affectueux et bons souvenirs, que je n'eus pas le courage de lui en vouloir.

Il nous proposa de nous réunir sans traverser le détroit, c'est-à-dire de lui envoyer mon histoire.

L'idée me parut originale.

« Je lirai avec bonheur les détails que je connais, ma

chère, écrivait Saint-Évremond ; mais racontez-moi surtout ceux que je ne connais pas. »

A tout hasard, j'acceptai sa proposition. J'avais toujours eu une mémoire excellente, et je commençai gaiement ce travail, qui fut, je dois en convenir, une des plus agréables distractions de ma vieillesse. Il me semblait revivre à mesure que j'évoquais le passé. Je n'eus pas une heure d'ennui à partir de cette époque, et j'envoyais à Saint-Évremond ma confession générale, chapitre par chapitre. Il est vrai qu'en me confessant je confesse aussi tout mon siècle ; mais tant de gens manquent de franchise, qu'il faut bien en avoir pour eux. Je mets tous mes soins à ne rien laisser dans l'ombre ni de mes actions ni de celles des autres.

Et, puisqu'il s'agit de franchise, disons enfin à quel âge incroyable j'étais parvenue, sans que personne autour de moi en eût le soupçon le plus léger, sans que les adorateurs et les hommages cessassent de me poursuivre.

On venait d'entrer en mil six cent quatre-vingt-cinq, et j'étais née en mil six cent douze.

J'avais donc soixante-treize ans bien sonnés.

Soixante-treize ans !... et Châteauneuf soupirait du matin au soir à mes genoux, et Chaulieu ne me parlait que de son bonheur. En vérité, on pouvait sans flatterie me trouver belle encore. Mes cheveux ne grisonnaient pas, aucune de mes dents ne branlait dans l'alvéole. Si mon teint n'avait plus son ancien éclat, il conservait beaucoup de blancheur, avec une apparence de santé qui manque trop souvent aux jeunes visages. Cela tenait du prodige, et toutes les promesses de l'homme noir se réalisaient d'une manière effrayante. Au front seulement j'avais une petite ride, où Chaulieu disait que s'était réfugié l'amour.

Madame de la Fayette, scandalisée de mon éternelle coquetterie, me répétait à chacune de ses visites :

— Ninon, Ninon, quand serez-vous enfin raisonnable ?

Je lui répondais :

— Quand on cessera de m'aimer.

— Vous avez tort, ma chère, vous avez tort ! répliquait-elle : n'attendez pas que l'amour vous quitte.

— Il vaut donc mieux quitter l'amour ?

— Certainement. Si vous n'interrogez pas là-dessus la sagesse, prenez du moins conseil de votre orgueil.

— Je crains que vous n'ayez raison, lui dis-je toute rêveuse.

— Oui, ma chère, ne le mettez pas en doute. Une femme d'esprit comme vous doit-elle attendre la fin de ses triomphes ? Sauvez, croyez-moi, votre gloire du naufrage.

Le raisonnement me frappait de plus en plus. Je me recueillis pendant une semaine, comme si j'allais procéder à l'acte le plus grave de ma vie. Ma résolution prise, j'envoyai des invitations à mes habitués pour les réunir dans une assemblée extraordinaire ; puis, faisant appel à tout mon courage, le cœur ému sans doute, mais bien décidée à l'acte solennel que j'allais accomplir, je déclarai que je renonçais à l'amour.

Ici, j'ai besoin de faire un serment, car on pourrait s'imaginer que je raille ou qu'un reste de coquetterie est en jeu dans l'affaire. Je le jure donc sur l'honneur, à cette déclaration tout le monde se récria.

Ce ne fut d'un bout à l'autre de mon cercle que réclamations et murmures.

On soutint que je n'avais pas le droit d'abdiquer mon sceptre, que j'étais encore la reine de la beauté, la perle des femmes, l'étoile de mon sexe. Pour en finir, je proclamai hautement la date de ma naissance.

Alors le soulèvement devint terrible. Il y eut une véritable révolte, une tempête d'indignation. Les plus exaltés allaient jusqu'à m'accuser de mensonge. On me somma de produire mon extrait de baptême. Deux ambassadeurs furent nommés par la compagnie pour aller le réclamer au curé de Notre-Dame et le lever sur les registres de la paroisse. Le lendemain, quand ils vinrent le mettre sous les yeux des incrédules et les convaincre de mon âge, les clameurs recommencèrent, mais dans un autre sens.

— Elle disait vrai! criait-on.
— C'est merveilleux!
— Quel prodige!
— Il y a là-dessous du sortilége.
— Oui! oui! quelque magicien s'est évidemment mêlé de la chose.

Ces dernières paroles me firent tressaillir : je n'aimais pas ce qui me rappelait le pacte imprudent que j'avais signé.

— Voyons, messieurs, répondis-je, oubliez-vous qu'Hélène avait plus de quarante ans lorsque toute la Grèce se battit pour elle?

— Quarante ans, mais vous en avez soixante-treize.
— Le double... comprenez-vous?... le double!
— Je vous en prie, laissez-moi poursuivre. Ménélas la

reprit à cinquante, et la trouva si belle encore, qu'il lui pardonna. Donc, il est à présumer qu'elle ne vieillit pas en un jour et que ses charmes durèrent bien au delà de cet âge.

— Allons donc, vous brodez l'histoire!

— D'ailleurs, il est prouvé que ceci rentre dans le domaine de la Fable.

— Et Diane de Poitiers, messieurs, ajoutai-je, ne voyait-elle pas à soixante-cinq ans, au château d'Anet, toute la cour à ses genoux?

— Mais encore une fois, Ninon, vous en avez soixante-treize.

— Les deux femmes que vous citez ne soutiennent pas le parallèle.

— Ne mettez plus en avant madame Ménélas.

— Laissez en repos la belle Diane.

— Elle voit éclipser sa gloire.

Ils eurent beau crier, supplier, se désoler, me demander à genoux de ne pas fermer ma cour d'amour et de permettre encore aux oiseaux des Tournelles de voltiger autour de moi : je fus inflexible.

XII

A partir de ce jour, il y eut une réforme absolue dans ma maison. Le fard, la poudre et les mouches furent exilés de ma table de toilette. Je pris un costume sévère. Tout propos à double entente cessa dans mon cercle, et je condamnai sans miséricorde la porte de mon boudoir.

Ninon, la légère et sensuelle Ninon, que jusque-là ni les chagrins ni le malheur n'avaient pu rendre sage, se métamorphosa tout à coup, sans que rien l'y contraignît, par la seule force du raisonnement. On ne vit plus que mademoiselle de Lenclos, digne, sérieuse, renonçant aux folies du cœur pour les nobles plaisirs de l'esprit. Madame de la Fayette était dans l'enthousiasme. Elle admirait son ouvrage, encore plus par amitié pour moi que par gloriole d'auteur.

Paris n'eut plus, dès ce jour, qu'un salon où se réunissaient les gens de goût, les célébrités en tout genre, et ce salon était le mien.

Racine, Boileau, Fontenelle, La Fontaine, Huydens, Bussy-Rabutin, Charleval, Montreuil, la Fare, Benserade, le vieux Desmarets, Quinault, la Bruyère, en un mot tous les beaux esprits de l'époque se donnaient chaque soir rendez-vous chez moi. J'avais aussi beaucoup de personnages de la cour. Le duc de Beauvilliers et le maréchal de Duras furent ceux qui, dans le nombre, fréquentèrent le plus assidûment mes assemblées. Quant à mes aventures amoureuses, on n'en parlait plus. A tort ou à raison, l'estime générale m'était acquise, et je recevais des honneurs qui flattaient extrêmement mon amour-propre.

Ainsi, lorsque le grand Condé rencontrait ma chaise, il descendait de carrosse et faisait baisser mes glaces pour me saluer.

Madame de Maintenon elle-même, qui, depuis son incroyable fortune à la cour, n'était venue me rendre visite qu'en tapinois; madame de Maintenon, de plus en plus dévote et sainte, daigna me faire l'honneur de paraître publiquement mon amie. Je la reçus trois ou quatre fois en grand apparat. Contre son habitude, elle eut assez de tact et de bienséance pour ne pas trop écraser la société de sa grandeur. Des cardinaux, des évêques sollicitèrent l'entrée de mes salons. Plusieurs d'entre eux m'affirmèrent que le pape avait conservé le souvenir de mon voyage à Rome et parlait de moi souvent avec la plus haute estime. L'abbé de Fénelon, cet homme aux mœurs si douces, à l'esprit si gracieux, à la parole si pleine d'onction et de charme, fut un de mes visiteurs les plus assidus, et madame Guyon, sa belle cousine, du côté de la branche des la Mothe, prêcha pour la première fois dans mon cercle la doctrine du quiétisme et l'amour pur de Dieu.

Jamais l'ancien hôtel Rambouillet n'avait eu plus de solennité, plus de décence.

Outre mesdames de la Sablière, de la Fayette et de Sévigné, je recevais mesdames d'Elbène, de Coulanges, du Fort; les comtesses de Souvré, de la Suze, d'Olonne, de Sandwich; les marquises de Wardes, de Créquy, de Saint-Lambert, les duchesses de Sully et de Bouillon, et les maréchales de Castelnau et de la Ferté.

Grâce à l'intervention de madame de Sévigné, bientôt Madeleine de Scudéri ne me bouda plus. Elle devint ma meilleure et ma plus intime camarade.

Je fis taire Boileau, qui s'avisait de crier partout et même d'écrire qu'elle ne méritait pas sa gloire. Il finit par écouter mes observations et montra pour les œuvres de la *Dixième Muse* une indulgence que je n'avais pas toujours eue moi-même.

Le tort de mademoiselle de Scudéri est de s'être beaucoup trop adonnée à la phrase, en négligeant l'étude des passions. Mais on ne pouvait lui refuser un esprit charmant et une grâce exquise dans l'entretien. D'une figure presque masculine, et laide autant qu'une femme peut l'être, elle ne laissa pas d'inspirer plus d'un amour sérieux. L'avocat Pellisson l'idolâtrait encore, et jadis elle avait complétement tourné la tête à Conrart, secrétaire de l'Académie française.

Pour madame Deshoulières, il fallut, bon gré mal gré, qu'elle fît amende honorable à la *Phèdre* de Racine.

Le chagrin du pauvre auteur au sujet de l'injustice odieuse dont, à cette occasion, le public s'était rendu coupable envers lui fut si vif, qu'il résolut d'abandonner le théâtre. Il consacra sa plume à écrire des tragédies religieuses pour les demoiselles de Saint-Cyr. Nous eûmes beau le sermonner à cet égard et lui prouver qu'il ne devait pas mettre son talent au service des folles aberrations de Françoise; Racine se montra sourd à nos reproches et composa pour elle, à deux années de distance, *Esther* et *Athalie*.

Dans une de ses lettres, Saint-Évremond m'avait donné le conseil de lutter contre les déplorables tendances de la cour de Versailles.

Forte de son sentiment et de celui de beaucoup d'autres, je consacrais à cela mes plus constants efforts, et je suppliais de marcher dans la même route que moi ceux qui pouvaient m'aider à sauver du naufrage de la bigoterie nos mœurs françaises (1).

Ma nouvelle manière d'être me fit une réputation immense.

On ne parlait que de la rue des Tournelles et de la bonne compagnie qu'on y rencontrait. Je n'en finirais plus si je voulais donner ici la liste des personnes qui sollicitèrent comme une grâce l'entrée de mon salon. Dans la foule, je choisissais bien.

Parmi ceux dont je ne jugeais pas convenable d'accueillir la demande, plusieurs s'ingénièrent à trouver des prétextes pour s'introduire chez moi et satisfaire leur curiosité. Ce fut ainsi que je reçus la visite du précepteur de

---

(1) Ninon n'exagère pas dans tout ce qui précède. On en aura la certitude en lisant ces deux passages, l'un tiré des œuvres du marquis de la Fare, mort en 1712, et l'autre de Saint-Simon.

« La demeure de mademoiselle de Lenclos, dit le premier, était alors (1694) le rendez-vous de ce que la cour et la ville avaient de gens estimables par leur esprit. Les mères les plus vertueuses briguaient, pour leurs fils qui étaient dans le monde, l'avantage d'être admis dans une société aimable que l'on regardait comme le centre de la bonne compagnie. Bien plus, la maison de Ninon était peut-être, dans les derniers temps de sa vie, la seule où l'on osât faire usage des talents de l'esprit et où l'on passât des journées entières sans jeu et sans ennui. Enfin, jusqu'à l'âge de quatre-vingt-sept ans, elle fut recherchée par la meilleure compagnie du temps. »

Saint-Simon dit à peu près la même chose en d'autres termes :

« Ninon eut des amis illustres de toutes les sortes, et montra tant d'esprit qu'elle se les conserva tous et les tint unis entre eux, ou pour le moins sans le moindre bruit. Tout se passait chez elle avec un respect et une décence extérieure que les plus hautes princesses soutiennent rarement avec des faiblesses. Elle eut de la sorte pour ami tout ce qu'il y avait de plus trié et de plus élevé à la cour tellement qu'il devint à la mode d'être reçu chez elle, et

M. le duc de Chartres, un certain abbé Dubois, si j'ai bon souvenir, dont la figure chafouine et astucieuse me déplut. Il allait à Londres, et venait me demander une lettre pour Saint-Évremond.

Je la lui donnai, mais sans le recommander bien chaudement. Son visage, ses manières et ses discours ne m'avaient point séduite.

L'année suivante, deux grands deuils vinrent frapper la cour. Marie-Thérèse, femme de Louis XIV, mourut presque subitement, et le grand Condé termina, dans son château de Chantilly, une carrière pleine d'héroïsme. Il avait noblement racheté ses torts en couvrant de lauriers les pages de son histoire où se trouvait écrite sa révolte. Bossuet prononça son oraison funèbre.

qu'on avait raison de le désirer par les liaisons qui s'y formaient. Jamais ni jeux, ni ris élevés, ni disputes, ni propos de religion et de gouvernement; beaucoup d'esprit, et fort orné, des nouvelles anciennes et modernes, des nouvelles de galanterie, et toutefois sans ouvrir la porte à la médisance. Tout y était délicat, léger, mesuré, et formait les conversations qu'elle sut soutenir par son esprit et par tout ce qu'elle savait de faits de tout âge. La considération qu'elle s'était acquise, le nombre et la distinction de ses amis et de ses connaissances continuèrent à lui attirer du monde quand les charmes eurent cessé et quand la bienséance et la mode lui défendirent de ne plus mêler le corps avec l'esprit. Elle savait toutes les intrigues de l'ancienne et de la nouvelle cour, sérieuses et autres. Sa conversation était charmante. Désintéressée, fidèle, secrète, sûre au dernier point; et, à la faiblesse près, on pouvait dire qu'elle était vertueuse et pleine de probité. Elle a souvent secouru ses amis d'argent et de crédit, est entrée pour eux dans des choses importantes, et a gardé très-fidèlement les dépôts d'argent et des secrets considérables qui lui étaient confiés. Tout cela lui acquit de la réputation et une considération tout à fait singulière. »

(SAINT-SIMON, tome IV, page 421.)

Depuis environ dix-huit mois, madame de Montespan, abreuvée de dégoûts, avait enfin pris le parti de se retirer dans ses terres. Elle faisait son possible pour achever saintement une existence bien mal commencée.

Peut-être trouvera-t-on que ma rancune envers la favorite a dépassé les bornes. Mais, encore une fois, était-ce à elle de me jeter le mépris et l'opprobre ?

Que Dieu lui pardonne ses torts, comme je le prie de me pardonner les miens.

Deux mois après la mort de la reine, nous eûmes une surprise dont je ne suis pas encore bien revenue, quoique les folles prédictions de ma compagne de voyage dans les Vosges m'y eussent préparée depuis longtemps.

Françoise d'Aubigné, cette pauvre fille jadis abandonnée de tous, que madame de Neuillan prenait pour valet d'écurie; Françoise d'Aubigné, que j'avais tirée plusieurs fois de la misère, qui s'était vue en quelque sorte forcée d'épouser un cul-de-jatte; Françoise d'Aubigné, alors âgée de cinquante ans au moins, et aussi perdue de physionomie que le sont ordinairement les femmes à cet âge; Françoise d'Aubigné, veuve Scarron, vint nous dire en confidence qu'elle allait épouser Louis XIV. Ainsi la prophétie de madame Arnoul s'accomplissait.

J'en tombai du plus haut des nues.

Le mariage, il est vrai, ne devait pas être public d'abord; mais une femme assez habile pour arriver là n'avait plus aucune raison de s'arrêter en chemin. Je ne désespérai pas d'entendre bientôt proclamer la veuve Scarron reine de France. Ils furent mariés par le père la Chaise à la chapelle de Versailles, en présence de l'archevêque de Paris. Bontemps, valet de chambre du roi, servit la messe.

A quelques jours de là, madame Louis XIV me fit proposer d'aller demeurer auprès d'elle à Versailles. Je déclinai cet honneur.

N'étais-je pas aussi reine chez moi? Franchement mon diadème me semblait préférable au sien.

Du reste, la crainte cachée qui la poussait à me faire cette proposition devint pour moi très-évidente, lorsque, peu de temps après, je la vis attirer les Montchevreuil à la cour. Elle protégea chaudement cette famille, d'une noblesse médiocre et d'une considération douteuse, mais qui l'avait autrefois, dans la Brie, hébergée avec Villarceaux.

La nouvelle épouse tremblait que l'histoire de ses vieilles intrigues n'arrivât aux oreilles du roi, ou du moins qu'il n'eût à cet égard des preuves trop claires.

Mais une quantité de personnes étaient au courant des secrets sur lesquels elle voulait jeter le voile. Tous les hôtes qui, depuis vingt ans, s'étaient succédé dans ma maison de la rue des Tournelles (et le nombre en devenait incalculable) connaissaient plus ou moins la cause de mon voyage à Naples. Il y avait chez moi certaine *chambre jaune*, sur une glace de laquelle cet indiscret de Villarceaux avait, au moyen d'un diamant, écrit le quatrain le plus érotique du monde en l'honneur des charmes de Françoise. Que pouvais-je faire à cela?

Si j'eusse cru sérieusement que mon amie pût atteindre à ce comble surprenant de fortune, j'aurais rompu la glace. Mais tout le monde avait lu ce maudit quatrain. L'avocat Loret le publia dans son journal, et cela fit un esclandre épouvantable, sans compter les couplets qui survinrent, et que l'on entendit chanter bientôt dans tous les coins de rue.

Ces couplets étaient terribles pour l'amour-propre du royal époux. Je n'en citerai qu'un seul :

> On est ravi que le roi notre sire
> Aime la d'Aubigné ;
> Moi, Villarceaux, je m'en crève de rire,
> Hi ! hi ! hi ! hi ! hi ! hé !
> Puis je dirai, sans être des plus lestes,
> Tu n'as que mes restes,
> Toi,
> Tu n'as que mes restes !

Phœbus d'Albret, Villars et tous les autres amants de madame Scarron eurent ensuite leur tour. Ils vinrent à la file l'un de l'autre, chacun avec un couplet spécial imité du premier, et dont le refrain était toujours :

> Tu n'as que nos restes,
> Toi,
> Tu n'as que nos restes !

A cette époque, il m'arriva une aventure bien extraordinaire. Pendant mon dernier voyage d'Italie, une femme âgée était venue plusieurs fois frapper à ma porte, disant à mes domestiques qu'elle me connaissait depuis cinquante-sept ans et qu'elle s'appelait Marion Delorme. Apprenant cela, je commençai par frissonner et pâlir. Jusqu'à ce jour, aucun mort ne m'avait rendu visite. Bien que Marion eût été mon amie intime, j'aimais autant qu'elle ne se dérangeât pas du repos de la tombe pour venir me faire cette politesse.

En réfléchissant toutefois, je songeai que quelque intrigante pouvait avoir imaginé ce singulier moyen de me soutirer de l'argent.

Je me disposais donc à la bien recevoir, c'est-à-dire à la traiter de haut en bas, si elle se représentait. Mais je ne vis personne. Il y avait plusieurs semaines que ce bizarre événement était sorti de ma mémoire, lorsqu'un matin je reçus, d'un commissaire de police du quartier Saint-Honoré, une lettre fort pressante. Ce magistrat me priait de passer à son bureau le plus vite possible, et pour affaire essentielle. J'y courus à l'instant même. A peine fus-je entrée dans le cabinet du commissaire, qu'une vieille femme, gardée à vue par des exempts, leur échappa pour se précipiter à ma rencontre et me serrer contre son cœur. Elle se mit à crier :

— C'est elle !... oui, c'est bien elle, je la reconnais... Ninon ! ma chère Ninon !... Vous êtes donc enfin de retour !... Ah ! que le ciel soit béni ! je vous devrai mon salut.

J'eus toute la difficulté possible à m'arracher de ses bras.

— Pour Dieu, madame, lui dis-je en la repoussant, soyez moins vive, et trêve à ces témoignages de tendresse. Qui êtes-vous, et où vous ai-je vue ?

— Eh quoi ! fit-elle, vous ne me remettez pas ?

Je la regardai en face, bien attentivement.

— Vous me reconnaissez ? Oh ! je vous en conjure, dites que vous me reconnaissez !

— Non, madame, en aucune sorte, je vous le jure.

— Miséricorde ! c'est impossible.

— Pourquoi donc? auriez-vous la prétention de me forcer à mentir?

— Mais je suis Marion Delorme, votre meilleure amie.

— Ah ! ah ! c'est donc vous qui êtes venue rue des Tournelles?

— Moi-même.

— Eh bien, ma chère, je ne vous fais pas compliment de votre fable : elle manque de vraisemblance et d'habileté. Renoncez, je vous y engage, à nous en imposer, surtout de cette façon maladroite.

— Bonté divine! ayez pitié de moi!

— Je suis désolée de ne pouvoir vous être agréable, madame, et par une raison toute simple : Marion Delorme est morte depuis longtemps.

— Non! non! cria-t-elle, je ne suis pas morte! c'est le docteur Gui Patin qui m'a sauvée.

— Allons donc !

— Je vous en fais le serment devant Dieu.

— Gui Patin, l'excellente idée! J'étais à côté de lui au convoi de mademoiselle Delorme : ainsi le mensonge est flagrant. J'ignore dans quel but il vous plaît de ressusciter Marion; mais n'espérez pas, madame, que je devienne votre complice.

Là-dessus elle jette des clameurs, fond en larmes et se tord les bras avec désespoir. On m'apprend qu'elle accuse d'un vol les servantes de son hôtel, et que je suis appelée là pour garantir sa probité. Déjà M. Desmarets de Saint-Sorlin, dont elle se disait aussi l'amie intime, venait d'être mandé, comme moi, et n'avait pu la reconnaître. Je quittai bien vite le bureau du commissaire. Les cris de cette malheureuse me poursuivirent jusqu'au bas de l'escalier. J'en éprouvais une certaine émotion dont je ne me rendais pas compte, et je me fis conduire à tout hasard chez le docteur Gui Patin.

Il demeurait à deux pas, rue de l'Arbre-Sec.

Mais on me dit qu'il était en Prusse, où il partageait l'exil de Charles Patin, son fils, condamné pour avoir gardé six exemplaires d'un libelle dont les ministres lui avaient ordonné de supprimer toute l'édition. Cependant le docteur seul pouvait éclairer la justice et m'éclairer moi-même.

Je pensai qu'il était facile de lui écrire et je retournai chez le magistrat pour lui conseiller d'user de ce moyen.

— Oh! me répondit-il, c'est prendre trop de peine pour une folle. Après votre départ, elle nous a donné les preuves les plus évidentes qu'elle avait le cerveau frappé. Je l'ai fait conduire à l'Hôtel-Dieu; ne vous en inquiétez plus (1).

En effet, où pouvait être l'apparence que Gui Patin eût simulé la mort de Marion Delorme sans m'en rien dire? Le commissaire avait raison, c'était une folle. J'oubliai cette histoire et je ne m'en occupai plus.

Madame de Maintenon faisait un singulier usage de surcroît de puissance que lui donnait son hymen avec Louis XIV. Le jésuite-confesseur dictait alors ses volontés à celle dont il avait accru la fortune et que ses manœuvres venaient en quelque sorte de porter au rang suprême. Fran-

(1) Voir les *Confessions de Marion Delorme*.

(*Note des Éditeurs.*)

çoise aidant, il acheva de dominer l'esprit du maître. Puis, une fois assurés tous deux de leur influence, ils firent comprendre au royal pénitent que sa vie d'amour avait besoin d'être rachetée aux yeux du Seigneur.

Louis XIV, saisi de crainte, ne voyait plus en rêve que des fournaises ardentes, où Belzébuth, avec sa fourche traditionnelle et ses cornes, se préparait à l'ensevelir. On réussit donc aisément à le décider au moyen que le père la Chaise lui présentait comme le plus efficace pour opérer son salut. Rien n'était plus simple. Il s'agissait de tuer la religion protestante et de n'en plus laisser trace dans le royaume. Enchantée de pouvoir aller droit au ciel après une vie qui pouvait lui faire craindre de rencontrer quelque obstacle en chemin, Sa Majesté se hâte de révoquer l'édit de Nantes, et voilà le feu partout! Les huguenots refusent de se convertir. On envoie des dragons en province pour les sermonner à coups de sabre, piller leurs biens, brûler leurs maisons, violer leurs femmes et leurs filles. Madame de Maintenon et son jésuite prétendaient que, si les apôtres avaient agi de la sorte, le christianisme eût été beaucoup moins longtemps à s'établir. Par malheur, l'événement ne justifia pas ces douces et évangéliques mesures. Au lieu d'abandonner la religion de leurs pères pour en adopter une qu'on leur prêchait le glaive et la torche à la main, les huguenots sortirent de France, et avec eux émigrèrent le commerce et l'industrie, dont ils étaient l'unique soutien.

Cette persistance de l'hérésie à ne pas se courber sous le joug de la foi excita de plus en plus le zèle des saints apôtres de Versailles.

Les dragonnades redoublèrent. Pendant quinze mortelles années, le pays fut témoin de ces horreurs, et le clergé les approuva, sauf deux de ses membres, qui méritèrent autant d'éloges que tout le reste méritait de blâme.

Ce furent M. d'Orléans et l'abbé de Fénelon.

Le premier logea, six semaines durant, à son évêché, les soldats envoyés par la cour, et leur défendit de tourmenter aucune famille du diocèse. Quant à M. de Fénelon, choisi pour diriger les missionnaires du Poitou et de la Saintonge, il refusa, comme l'évêque d'Orléans, le coupable auxiliaire de la force, et convertit plus d'hérétiques par sa douceur et son éloquence que les autres prêtres avec l'aide des dragons et des bourreaux.

Tandis qu'on sabrait et qu'on égorgeait dans les provinces, Sa Majesté Louis XIV s'occupait à Versailles de choses fort graves.

Il s'appliquait à changer la coiffure des femmes. Cette autre réforme lui semblait pour le moins aussi importante que la réforme religieuse; mais là surtout il eût fallu des dragons, et l'entêtement de ces dames ne pouvait être comparé qu'à celui des hérétiques. Le grand roi, chaque jour, avait beau crier contre les *fontanges*, il prêchait dans le désert. Par esprit d'opposition sans doute, on n'en restait même que plus attaché à cette absurde coiffure, à ce bâtiment de fil d'archal, de rubans, de cheveux, de gaze et de toute sorte d'affiquets, dont la hauteur s'élevait au moins à deux pieds.

Quand on rencontrait une femme, on lui voyait la figure au milieu du corps.

Toute l'éloquence de Sa Majesté, ses paroles persuasives,

ses railleries, sa colère, réussirent à accroître de quelques pouces l'élévation des *fontanges*, et à y faire ajouter deux ornements en gaze noire, appliqués aux oreilles, plus hauts encore que tout le reste, et qui prirent le nom de *cornes*. Madame de Maintenon s'encorna la première, nouvelle preuve qu'en France la mode est tyrannique et fait oublier la soumission conjugale aux plus vertueuses épouses. Cet immense édifice tremblait à chaque geste et menaçait ruine à tout propos.

Louis XIV cessa de le critiquer, dans la crainte de voir les fontanges s'élever à la hauteur des pyramides d'Égypte

Pendant que ces graves questions s'agitaient à Versailles, Catinat et Luxembourg battaient l'ennemi aux frontières. Françoise n'oublia pas de recommander à la sollicitude de ces deux généraux le jeune officier qui avait jadis prodigué des consolations si tendres à son veuvage. A l'armée, Villars monta rapidement de grade en grade. Le bâton de maréchal de camp ne pouvait lui manquer un jour.

Depuis notre voyage à Rome, je n'avais vu que très-rarement le poète Santeuil. Il s'était lié d'amitié fort vive avec ce vaurien de d'Aubigné, qui faisait le plus grand désespoir de sa sœur, et dont les incartades étranges amusaient la ville et la cour.

J'écrivis à Santeuil de venir, un matin, déjeuner rue des Tournelles. Il ne manqua pas de m'amener son inséparable.

D'Aubigné s'écria, dès en entrant :

— Eh! bonjour, chère demoiselle!... Il y a vraiment un siècle, si plus ne passe, que je n'ai eu l'avantage de vous baiser la main... Fréquentez-vous encore ma bégueule de sœur?

— Tout beau, monsieur, tout beau!... Est-ce ainsi que vous traitez une personne qui fait la gloire de votre famille?

— Ah! ah! la gloire!... ah! ah! Voilà, pardieu, qui est divinement trouvé! s'écria-t-il en riant aux larmes... la gloire!... Il est certain, après tout, que je ne devais pas m'attendre... Enfin n'importe, je suis furieux contre elle et contre le beau-frère.

— Pourquoi cela, monsieur?

— Vous me le demandez!

— Sans doute, car ni votre intérêt ni les bienséances ne vous conseillent de tenir un pareil langage.

— Mais vous ne savez donc rien? me dit-il en se campant les deux poings sur la hanche.

— Absolument rien.

— Vous ignorez les persécutions, les avanies dont ils me rendent victime?

— Je les ignore.

— En ce cas, déjeunons, et faites-nous verser du meilleur : vous en apprendrez de belles.

Je crois vraiment qu'il était déjà gris.

Au bout du premier flacon de bourgogne, qu'il eut épuisé en deux rasades, il reprit, sans permettre à l'autre convive de placer une parole :

— Figurez-vous, mademoiselle, que cette damnée bigote...

— Mais, je vous en prie, interrompis-je, ménagez Françoise, et n'oubliez pas que suis toujours son amie.

— Oh! vous pouvez lui reporter mes discours, ça m'est, pardieu, bien égal!... et si le beau-frère y trouve à redire, je l'attends, le beau-frère!

— Vous ne craignez donc pas la prison?

— Je ne crains rien, flamme et sang!

— Vous avez tort.

— La prison, la prison... Je percerais le ventre de l'exempt qui aurait l'audace de porter la main sur moi... voilà qui est convenu... Ah! mais croit-on m'imposer silence? Je suis le chef de la famille, entendez-vous? Tant pis pour Louis-Dieudonné s'il a eu la fantaisie d'épouser ma sœur!

— Allons, monsieur, du calme... et un peu de prudence.

— La prudence est la mère de tous les vices, la patronne de la peur. On écrit ce mot sur le drapeau des lâches.

— Vous êtes fou.

— Je suis le frère de Françoise, et je n'entends pas qu'elle ou son mari me manquent de respect, corne et tonnerre!... Ah! ah! le roi! soit dit entre nous, il n'est pas à la noce... Charmante acquisition qu'il a faite là, je m'en vante!... une bégueule enracinée, une vieille coquette, qui n'ose dire ni les années qu'elle a ni les dents qu'elle n'a plus!

Santeuil se tenait les côtés dans un accès de gaieté folle. Je compris, dès lors, pourquoi ces deux originaux avaient tant de sympathie l'un pour l'autre. Rire, bouffonner et boire, était l'existence favorite du chanoine. Il trouvait en d'Aubigné le seul homme qui pût lui tenir tête en tout.

— Va, mon cher, va ton train! disait-il en excitant encore son ivrogne d'ami. Quand tu parles de ta sœur, tu as de l'esprit comme un diable... N'est-il pas vrai, Ninon.

— Je ne crois pas, répondis-je gravement, que l'esprit doive s'exercer aux dépens du cœur.

— Ah! mort de ma vie! je vous arrête! cria d'Aubigné. Qui manque de cœur? est-ce moi? J'aime Françoise! mordieu! je la protégerais au besoin. Qu'elle parle, et je suis prêt à me donner un coup d'épée pour elle. Mais, parce qu'elle joue la sainte et s'entoure de jésuites, est-ce une raison pour me faire moine?

— Vous faire moine! murmurai-je avec surprise.

— Oui, corbleu! c'est là son plan, voilà pourquoi je tempête et j'enrage.

— Enfin, qu'exige-t-elle?

— D'abord, elle n'a le droit de rien exiger; mais elle désire, et le beau-frère désire aussi que je m'enferme chez Doyen, sous le clocher de Saint-Sulpice, dans une communauté soi-disant fondée par des gentilshommes, et où l'on s'occupe du matin au soir à réciter des litanies... Brrrrrout!... j'en ai des sueurs froides quand j'y songe.

D'Aubigné remplit son verre trois fois de suite, et le vida trois fois pour conjurer l'impression fâcheuse de ce souvenir.

— Si jamais tu entres là, dit Santeuil, je t'excommunie!

— Moi!... dire mon chapelet et réciter des patenôtres... Flamme et potence!... Je me ferais plutôt hâcher par tous les dragons du beau-frère.

— Je gage, dit le poëte, que tu aimerais mieux entrer à Saint-Cyr?

— A Saint-Cyr!... au milieu de ce troupeau de jeunes pies-grièches que ma sœur façonne à son moule!... Pour qui me prends-tu?

— Parbleu! dit Santeuil, qui riait toujours aux larmes, tu te chargerais de réformer leur éducation.

— Oui, tu n'as pas tort, cela pourrait me convenir.

— Tu leur ferais des pièces comme M. Racine, mais dans un autre genre.

Une fois sur ce chapitre, ils n'en finirent plus. Dieu me garde de reproduire la kirielle de sots propos et d'impertinentes railleries qu'ils débitèrent. J'avais voulu par moi-même m'assurer si réellement d'Aubigné tenait les discours qu'on lui prêtait sur Françoise. Il venait de m'en donner un échantillon suffisant pour me faire comprendre tout ce que l'amour-propre de sa sœur devait souffrir. C'était donc un véritable service à rendre à sa sœur que d'essayer de réprimer le dévergondage d'expressions de ce vaurien.

Partout, dans les rues, au théâtre, dans les tables d'hôte où il mangeait, dans les tavernes où il s'enivrait, au jardin des Tuileries, sous les avenues du Luxembourg, et même jusqu'au milieu de la galerie de Versailles, d'Aubigné parlait comme il venait de parler chez moi.

Je pris Santeuil à l'écart.

— Vraiment, lui dis-je, il est indigne de vous d'encourager un pareil langage. Pourquoi ne pas mieux conseiller un homme sur lequel vous paraissez avoir de l'influence?

— Ah! me répondit-il, toute médaille a son revers!... Que voulez-vous que j'y fasse? C'est bien le moins que la veuve Scarron trouve ce petit chagrin sur sa route, au terme de sa fortune scandaleuse; autrement, il n'y aurait plus de justice au ciel. Je n'empêche rien... qu'elle s'arrange!... Adieu.

me fut impossible d'en tirer autre chose.

XIII

D'Aubigné continua de draper sa sœur et de raconter à qui voulut l'entendre toutes les anciennes faiblesses de la sainte femme.

Santeuil était fort aimé de toute la maison de Condé, où il faisait assaut continuel de plaisanteries et de badinage. On voulut à toute force l'emmener à Dijon passer l'été. Le frère de madame de Maintenon fut alors séparé de son conseil, et la sœur, profitant aussitôt de la circonstance, eut recours à toutes sortes de ruses et de caresses pour décider d'Aubigné à entrer chez Doyen. Nous verrons bientôt ce que valut à Françoise le succès de ces manœuvres.

On maria, cette année, le premier fils de madame de Montespan, M. le duc du Maine, qui avait la passion des femmes géantes.

Il eut le choix entre trois prétendues fort élancées. La première était d'une physionomie adorable, la seconde jouissait d'une grande réputation d'esprit, la troisième se montrait sotte et laide ; mais elle eut la préférence, parce qu'elle avait un pouce de plus que les autres.

Tandis qu'on dansait à Versailles aux fêtes de ce mariage, la Grande Mademoiselle (1) était à l'agonie au Luxembourg.

Je ne l'avais pas vue depuis l'indigne intrigue au moyen de laquelle madame de Fiesque était parvenue à me discréditer à ses yeux et à m'enlever son affection. Ma surprise fut donc extrême lorsqu'on vint me dire que la princesse m'appelait à son lit de mort. Je courus au Luxembourg en toute hâte, et j'entrai dans la chambre de la mourante au moment où le curé de Saint-Sulpice en sortait, après lui avoir administré les derniers sacrements.

— Enfin il m'est donné de vous revoir, ma chère Ninon, dit-elle en me tendant sa main décharnée. Je n'ai pas voulu mourir sans vous apprendre combien je regrette mon injustice à votre égard.

— Ah ! m'écriai-je, Votre Altesse Royale me comble par ce dernier témoignage d'amitié ! Pourquoi faut-il, hélas ! que je vous retrouve dans une aussi triste situation ?

— Ne me plaignez pas, dit-elle, ne me plaignez pas... Je suis contente de sortir de ce monde, où je n'ai eu que des chagrins et des misères. Mais parlons de vous, ma bonne Ninon. Ce matin seulement madame de Fiesque m'a avoué le piége indigne qu'elle vous a tendu. J'ignorais tout cela, je vous le jure.

— Oublions le passé, princesse ; je n'ai plus de haine,

---

(1) On l'appelait ainsi pour la distinguer da la fille de Monsieur, lière du roi. *(Note des Éditeurs.)*

dis-je en portant à mes lèvres sa pauvre main, qui se refroidissait de plus en plus.

— Ainsi, me dit-elle, vous consentirez à lui pardonner, si je vous en prie?

— Je lui pardonne. Elle a cependant poussé loin la vengeance! Mais Clotilde est heureuse; elle a épousé un honnête homme. Que puis-je demander de plus? Devant le bonheur de ma fille, toute rancune doit disparaître.

— Merci! merci! me dit Mademoiselle; je n'en attendais pas moins de la générosité de votre âme. Aujourd'hui c'est mon tour, ma chère Ninon; demain ce peut être le vôtre ou celui de la comtesse : il est plus sage de se réconcilier avant de paraître au tribunal suprême.

J'aperçus madame de Fiesque. Elle venait d'ouvrir une porte et sanglotait dans un coin de la chambre. J'allai lui tendre la main. Tout fut dit.

Une demoiselle d'honneur parut sur les entrefaites, et annonça que M. de Lauzun insistait pour entrer.

— Non! non! cria la princesse. Pour Dieu, qu'il me laisse mourir en repos!... Je ne veux pas le voir! je ne veux pas le voir!

Puis, me faisant signe d'approcher, elle me dit d'une voix basse et tremblante :

— Ah! si vous saviez, ma pauvre Ninon, comme il m'a rendue malheureuse! J'ai cruellement expié ma faiblesse et mes torts. Il n'y a jamais eu entre nous qu'une liaison dont le ciel n'avait pas béni les nœuds. Mon confesseur m'a fait promettre de ne plus le voir; je tiendrai parole. Que Dieu ne me punisse pas en l'autre monde, puisque j'ai tant souffert en celui-ci.

L'émotion causée par cet incident hâta la fin de Mademoiselle. Deux heures après, elle fut saisie des dernières convulsions et mourut entre nos bras.

Je pleurai sincèrement cette excellente princesse, dont le hasard m'avait rapprochée plutôt que mon mérite personnel et ma naissance. Le caractère de la fille de Gaston est déjà connu de mes lecteurs par le rôle qu'elle joue dans ces *Mémoires*, cependant je demande permission d'achever son portrait en quelques mots.

Elle était d'une humeur fort digne, mais sans orgueil; assez familière et parleuse de bon ton. Persévérante en amitié, douce, sensible, incapable d'une action basse et noire, elle sortait néanmoins quelquefois des bornes et se montrait vive, susceptible, emportée, piquante; mais la bonté de son cœur prenait aussitôt le dessus. Elle savait vous dédommager de ses colères par des caresses plus multipliées, plus tendres et plus gracieuses. Jamais un secret confié à son honneur ne fut trahi. D'une nature chevaleresque, pleine de courage et d'ardeur elle ne connaissait point d'obstacles, elle affrontait intrépidement le péril et la fatigue. Les gens de guerre avaient toutes ses prédilections et ses préférences. Son âme noble, généreuse, énergique et fière, donnait un charme exquis à son intimité. Si quelquefois elle choisit mal ses affections; si elle ne vit pas toujours les pièges dont l'entouraient l'avidité, la jalousie, la bassesse, il ne faut en accuser que la délicate et naïve confiance de son cœur. Mademoiselle fut à la fois une héroïne, une amie dévouée et une femme aimable. Le plus pur sang de son aïeul Henri IV coulait dans ses veines.

On acheva de donner le reste de ses biens aux bâtards du roi.

Lauzun, dont l'amour-propre s'arrangeait de laisser croire à toute la cour qu'il avait secrètement épousé la princesse, osa paraître vêtu du grand manteau de deuil en présence de Louis XIV. Sa Majesté s'en indigna. Peu s'en fallut que M. le colonel des dragons ne prît une seconde fois le chemin de Pignerol.

Toutes ces circonstances, comme on va le voir, furent cause que j'assistai à une scène de famille très-curieuse, où l'orgueil de madame de Maintenon et celui du grand roi ne furent pas très à l'aise.

Françoise connaissait mes anciennes relations avec Mademoiselle. Apprenant qu'elle m'avait fait appeler à sa dernière heure, elle s'imagina qu'elle saurait mieux par moi que par tout autre la vérité sur la nature des relations qui avaient existé entre la cousine de Louis XIV et Lauzun. Elle m'écrivit donc une petite lettre très-affectueuse, en me priant de l'aller voir à Versailles.

J'avais bien envie de répondre que, si elle désirait me parler, elle pouvait prendre la peine de venir chez moi.

Sans susceptibilité ridicule et sans fierté de mauvais goût, je ne comprenais pas qu'elle jouât avec moi son rôle de reine, après tous les souvenirs du passé, toutes les histoires dont je tenais le fil, et surtout après ma conduite plus qu'amicale à son égard. Ou, si elle était devenue assez sotte pour cela, rien ne m'obligeait à me soumettre à ses manies de grandeur. Autant vaudrait dire qu'il faut se prosterner devant les personnes qui s'enrichissent en amenant à la loterie le numéro gagnant.

Néanmoins, comme je désirais voir la manière dont elle était installée à Versailles, je passai, pour une première fois, sur le sans-façon, mais bien décidée plus tard à la rappeler aux bienséances, si elle y manquait de nouveau.

Je partis donc, et je fus émerveillée du spectacle qui s'offrit à mes yeux.

La pauvre reine défunte, dont la vie, disons-le tout bas, s'était écoulée d'une manière fort triste, n'avait jamais obtenu la moitié des respects et des honneurs que madame Louis XIV, ainsi qu'on l'appelait généralement alors, recevait publiquement. Françoise avait des gardes, des huissiers, des pages. Une cour aussi nombreuse et aussi imposante que celle du roi son époux affluait dans ses antichambres. Elle se prenait fort au sérieux et se donnait des airs de majesté étourdissants. J'en fus tout ébahie.

Néanmoins je dois avouer qu'elle eut le bon goût de se départir avec moi de son fatras de cérémonies et de grimaces, pour se montrer Françoise comme devant.

Elle congédia ses femmes et me mena dans le plus singulier boudoir du monde, où des gravures quasi licencieuses se trouvaient pêle-mêle avec des sujets religieux, et où un superbe Christ d'ivoire, de grandeur presque naturelle, tenait compagnie aux dieux de l'Olympe. Il était difficile de réunir d'une manière plus bizarre et moins édifiante le sacré et le profane, le païen et le chrétien, le mysticisme et l'amour.

Dans le trajet que nous fîmes pour arriver à ce boudoir, madame de Maintenon me prodigua mille caresses.

Vraiment, je la trouvai très-bonne fille.

Mais, à peine fûmes-nous dans le sanctuaire, que son

ton de familiarité changea subitement. Elle prit une mine grave, une voix sentencieuse, et je cherchais en moi-même la raison de cette brusque métamorphose, lorsqu'il me sembla voir remuer une tapisserie au fond de la pièce. On nous écoutait. Quelqu'un était là; qui pouvait ce être?

Évidemment Sa Majesté Louis XIV avait seule le droit d'assister en secret à notre entrevue.

Je ne sais pourquoi ceci me révolta. Que me voulait-on? que signifiait ce mystère? Si le grand roi regardait comme au-dessous de lui de paraître en ma présence, trouvait-il donc l'espionnage plus en rapport avec sa dignité royale? D'où venait que la veuve Scarron ne m'eût pas avertie? En quoi mon entretien pouvait-il intéresser le maître de la France? Étais-je un animal curieux dont il voulait se donner le plaisir de voir les allures? J'avais bien envie de lever le pied. Ce fut encore la curiosité qui me retint.

— Nous sommes dans un grand embarras, ma chère Ninon, commença la noble épouse.

— Et le motif? lui demandai-je sèchement.

— Vous allez l'apprendre.

Je remarquai qu'elle ne me tutoyait plus.

— Alors, lui dis-je, il sera donc en mon pouvoir de vous aider en quelque chose, ton mari et toi?

J'appuyai fortement sur le *ton* et le *toi*.

— Oui, je l'espère, balbutia-t-elle, devinant mon intention, mais faisant un effort visible pour dissimuler sa contrariété.

— Parle donc, j'écoute.

— Sa Majesté ne sait trop quelle conduite tenir avec M. de Lauzun.

— Ni moi non plus.

— Permettez!... Vous n'ignorez pas que le duc a reçu en don de mademoiselle la baronnie de Thiers et le duché de Saint-Fargeau ?

— Effectivement, j'ai appris cela, répondis-je, bien décidée à veiller sur mes réponses et à me tenir en garde contre des gens qui en usaient avec si peu de franchise.

— La princesse n'a-t-elle pas eu tort de disposer ainsi d'une fortune qui devait naturellement, après elle, revenir aux enfants de France ? hasarda madame de Maintenon.

— S'agit-il de M. le duc du Maine ? Il me semble, ma chère, qu'il a eu dans l'héritage, et d'avance, une assez jolie part.

Un mouvement de la tapisserie me prouva que la réplique n'était pas goûtée du personnage qui écoutait.

— Mais le roi a d'autres enfants.

— Oui, je sais qu'il a beaucoup d'autres enfants, et je t'engage à ne pas en augmenter le nombre, lui dis-je, trouvant la situation fort plaisante.

Ils sont légitimés, ajouta Françoise.

— Ah ! c'est juste, ils sont légitimés : c'était de bon besoin !

La tapisserie remua de nouveau. Pendant cet étrange dialogue, mon interlocutrice pâlissait et rougissait tour à tour. J'eus compassion d'elle.

— Mais je ne vois pas, repris-je, où ces discours nous mènent, chère amie. Je hais les entretiens à bâtons rompus. Abordons, de grâce, la question plus nettement.

— Soit, dit-elle. Mademoiselle a-t-elle épousé M. de Lauzun ?

Cette phrase fut un trait de lumière. Je vis parfaitement où l'on en voulait venir. Il s'agissait de révoquer les donations faites du vivant de la princesse, afin que tout son héritage servît à enrichir les bâtards du roi. Une telle avidité me parut odieuse. Malgré les torts de Lauzun, Mademoiselle n'avait pas cru devoir lui retirer d'anciennes largesses accordées jadis en témoignage de son amour. De quel droit Louis XIV dépouillerait-il un homme pour lequel, au bout du compte, sa cousine avait eu de l'affection ? Il me fallut beaucoup moins de temps pour songer à tout cela que pour l'écrire, et je répondis avec un peu d'aigreur :

— Ah ! ma foi, je ne sais rien, absolument rien à cet égard ! Que Sa Majesté fasse venir madame de Fiesque et l'interroge : peut-être est-elle mieux instruite.

La veuve Scarron fronça le sourcil. Ma réponse n'était pas de son goût.

— Je suis, du reste, convaincue, lui dis-je, que le roi, dans sa haute délicatesse, ne voudra pas exposer la mémoire de sa cousine à plus d'indiscrétions encore de la part d'un fat comme M. de Lauzun.

— Eh ! dit Françoise, on l'enfermera de nouveau, si cela est nécessaire !

— Un prisonnier ne manque pas d'amis, répliquai-je. S'il arrive à publier des lettres, par exemple, et à prouver ses relations avec Mademoiselle ? S'imagine-t-on que la baronnie de Thiers en Auvergne et le duché de Saint-Fargeau ne soient pas achetés trop cher au prix de ce scandale ?

Madame de Maintenon rougit d'avoir été devinée ; mais

elle n'eut pas le temps de répondre. Un bruit soudain se fit entendre à la porte du boudoir. Évidemment une lutte avait lieu entre les gardes et une personne qui voulait entrer de force. On distingua bientôt des jurons formidables, et ces mots arrivèrent jusqu'à nous :

— Ma sœur, tête et sang!... je vous dis que je verrai ma sœur!

— D'Aubigné! s'écria madame de Maintenon, dont la figure prit une teinte livide.

Se précipitant aussitôt vers la porte, elle se mit à crier :

— Qu'il n'entre pas! qu'il n'entre pas!

Mais l'ivrogne venait de franchir le seuil, en dépit des soldats et de leurs hallebardes. Il s'avança, trébuchant, et repoussa madame de Maintenon jusqu'à son fauteuil, où elle retomba en faisant un geste de désespoir.

— Corbleu!... flamme et potence!... tonnerre et mort! cria d'Aubigné, tu voulais donc, madame la reine, empêcher ce petit frère de venir te souhaiter le bonjour? Tranchons le mot, tu voulais me mettre à la porte? Mais, par toutes les cornes du diable, je reste, et nous allons causer.

— Mon frère, je vous en supplie... mon frère, éloignez-vous...

— Silence, malheureux! lui dis-je à mon tour en me penchant à son oreille : le roi vous écoute peut-être?

Il ne parut pas m'entendre, et reprit en secouant avec violence le bras de Françoise :

— Tu ne m'attendais pas ici, morbleu!... non!... tu me croyais enfermé, claquemuré, cadenassé, grâce aux ordres transmis à tes chiens de moines.

— D'Aubigné, mon ami...

— J'ai quitté Saint-Sulpice, entends-tu? je l'ai quitté pour toujours.

— Soit; mais brisons là, je vous en conjure, dit-elle en joignant les mains avec terreur.

— Ah! tu me prends dans un traquenard!... ah! tu viens me dire avec ta voix de chattemite : « Mais je vous assure, mon frère que vous serez chez M. Doyen comme un coq en pâte! On y mène une vie fort douce. Votre dépense sera payée tous les mois; vous aurez constamment la poche bien garnie, et vous jouirez d'une honnête liberté... » Ne sont-ce pas là tes paroles, hein, madame la reine? Répondras-tu, par la corbleu! répondras-tu?

Il continuait de meurtrir le bras de la pauvre femme.

En vain je m'efforçais de la débarrasser de ce furieux ; je ne réussissais qu'à me faire repousser moi-même. Il avait des gestes d'une brutalité sans exemple. Si j'eusse douté jusqu'alors de la présence du roi, madame de Maintenon me l'eût révélée par les regards pleins d'angoisse qu'elle jetait du côté de la tapisserie.

— Mais, monsieur, dis-je à d'Aubigné, votre manière d'agir est indigne! Jamais on n'a vu, je le déclare, un homme de naissance et de cœur se comporter de la sorte.

— Parbleu! vous me la chantez belle! s'écria-t-il en frappant du pied. Ignorez-vous donc que je me suis laissé caserner dans ce trou indigne, dans ce nid à prêtres, au sujet duquel Santeuil m'avait bien dit, avant son départ pour Dijon : « Si tu y entres, mon cher, tu y crèveras d'ennui. » Et j'y suis entré, flamme et mort! sur les promesses de madame... et je viens de passer huit jours de retraite... huit jours à psalmodier et à chanter des antiennes! Il y avait de quoi me faire crever; Santeuil le disait bien... C'est, du reste, ce qu'ils demandent... Mais nous ne sommes pas au bout, patience!

— Enfin, mon frère, pourquoi ne voulez-vous pas vous convertir? murmura péniblement madame de Maintenon.

— Me convertir, moi?... corne et potence!... me convertir quand j'aime le jeu, les femmes, la bonne chère, les gaudrioles, les chansons! Y a-t-il la moindre chose de tout cela dans ta pension de malheur? On m'a mis au cachot lorsque j'ai voulu fuir; je n'ai pu m'échapper que par un soupirail de cave... Et cela parce que madame est devenue dévote, parce qu'elle a oublié son bon temps d'autrefois et ses fredaines amoureuses...

Je me hâtai de l'interrompre. Françoise était sur le point de s'évanouir.

— Ceci, dis-je, est tout bonnement une indignité de votre part, et vous devriez avoir honte. La conduite de votre sœur a toujours été sans reproche.

— Ah! ah! la bonne farce! cria le malheureux en éclatant de rire, et que vous êtes bien venue à donner caution, ma chère. Oubliez-vous votre *chambre jaune?* pensez-vous que Françoise y passait le temps à réciter des oraisons avec Villarceaux?

— Mais, balbutiai-je...

— Mais je ne vous parle pas, taisez-vous! me répondit-il brusquement. Ce que je dis s'applique aux hypocrites et aux bégueules. Partout je crierai hautement, je crierai sur les toits que ma sœur a eu dix, quinze, trente amants... oui, morbleu!... tant pis pour le beau-frère! je suis désolée de sa déconvenue... Ah! ah! je voudrais le voir ici, pour lui chanter aux oreilles ce qu'on chante dans toutes les rues et dans tous les carrefours :

>Tu n'as que nos restes,
>   Toi,
>Tu n'as que nos restes!

Françoise jeta un cri de désespoir et perdit connaissance.

Aussitôt la tapisserie du fond s'écarta violemment; Louis XIV parut, l'œil enflammé de colère.

— Holà, cria-t-il, quelqu'un! mes gardes! Qu'on arrête ce misérable et qu'on l'envoie pourrir dans un cachot de la Bastille!

Saisie d'épouvante, je tendais les bras vers le roi. Appeler d'autres témoins à cette scène me paraissait une chose monstrueuse et impossible.

— Tiens! tiens! murmura d'Aubigné, c'est le beau-frère... Il était là!... Sacrebleu! Françoise aurait dû m'avertir. On ne joue pas un pareil tour sans dire gare... C'est ridicule!... Allons, allons, beau-frère, du calme!... je suis un chenapan fini, un soudard sans vergogne; mais j'ai bon cœur... Ne nous fâchons pas, que diable, ne nous fâchons pas!

Tout en proférant cet étrange discours d'une voix émue et la larme à l'œil, il s'approcha du monarque et lui prit amicalement la main.

Louis XIV le repoussa par un geste d'indignation convulsive. Puis il tomba suffoqué sur un siége, les yeux hagards, la bouche frémissante, poussant des gémissements inarticulés et murmurant des mots sans suite. Je crus un instant qu'il allait être frappé d'apoplexie.

— Au nom du ciel, m'écriai-je en tombant à ses genoux, point de scandale!... Pour votre dignité, pour vous-même, sire, pardonnez à cet insensé!

— *Meâ culpâ!*... je me dégrise et je me confesse... Ne parlons plus de cachot, beau-frère, je vous promets d'aller demander l'absolution à Saint-Sulpice. Lavons, croyez-moi, notre linge sale en famille, et n'appelons personne.

— Vous entendez, sire?... il a perdu la raison... le malheux est ivre...

— C'est vrai, dit le roi... mais qu'il parte! qu'il parte!

Madame de Maintenon, dans cet intervalle, reprit l'usage de ses sens. Apercevant Louis XIV, dont les traits étaient décomposés d'une manière affreuse, elle bondit sur son fauteuil et joignit les mains avec terreur.

— Oui, oui, disait d'Aubigné, je vais partir... Je rentrerai même chez Doyen... je vous en donne ma parole, ma vraie parole de soldat... Voyons, êtes-vous content, beau-frère? Au diable les imbéciles qui m'avaient enfermé dans la cave! ils sont cause de tout. Avant de m'évader, j'avais mis en perce trois futailles; voilà pourquoi je débitais tout à l'heure un tas de sornettes... Propos d'ivrogne! je vous conseille, beau-frère, de n'en pas croire un mot.

Il s'approcha de Françoise.

— Allons, ajouta-t-il, console-toi, pauvre petite sœur!... Tu sais bien que je t'aime! autrefois je t'ai portée dans mes bras, et je t'ai servi de mère... Faites la paix, mes enfants... Bonsoir!

Il essuya deux larmes qui coulaient sur sa face avinée, fit un demi-tour à droite et sortit.

Le roi se leva brusquement. Sans regarder madame de Maintenon, sans me rien dire, il se dirigea vers la tapisserie, la souleva et disparut lui-même.

— Tout est perdu! tout est perdu! s'écria Françoise au désespoir.

— Eh non, ma chère, console-toi.

— Le malheureux!... quel discours!... Tu conviendras que c'est horrible.

Dans son trouble elle en revenait au tutoiement. Il était d'ailleurs probable que le roi n'écoutait plus.

— Allons, allons, repris-je, ton frère l'a dit : « Propos d'ivrogne! » cela n'a point d'importance, et ton plus grand tort a été de manquer de sang-froid. Va rejoindre le maître. Moi, je cours sur les traces de d'Aubigné, et je le sermonnerai si bien, qu'il ne recommencera plus.

Nous nous séparâmes. Dans une galerie voisine je retrouvai mon ivrogne, qui s'arrachait les cheveux et se confessait, devant plus de cinquante personnes, de l'énormité qu'il venait de commettre. Je l'entraînai précipitamment. Il était impossible d'avoir à la fois plus de cœur que ce drôle et d'être plus éhonté dans ses actes, plus inconséquent dans ses discours. Je n'eus pas besoin de le presser pour rentrer à Saint-Sulpice; il y alla de lui-même en s'écriant :

— Oui, j'y crèverai, morbleu! mais n'importe, j'aime encore mieux cela que la Bastille.

Tout s'arrangea donc à la plus grande satisfaction de Françoise et d'une manière plus convenable qu'on n'était en droit de l'espérer après une pareille scène. On attacha aux trousses de d'Aubigné un certain abbé Madot, qui le suivait comme son ombre et l'empêcha de renouveler le scandale de Versailles.

Mais, chose bizarre, madame de Maintenon ne me pardonna jamais d'avoir été témoin de son humiliation dans cette circonstance.

Dès ce jour, sa froideur pour moi fut extrême, et bientôt elle me traita en ennemie. Quelle pouvait être la cause secrète d'une conduite aussi inqualifiable? Je n'eus que plus tard l'explication de ce mystère.

XIV

Le temps passait, passait encore.

Depuis sept grandes années j'avais renoncé à l'amour, je n'ose dire sans regret, mais du moins je l'affirme, avec beaucoup de résignation et de franchise, lorsque le diable vint souffler sur une cendre éteinte et y raviver les étincelles d'un feu que je croyais mort. Je prie mes lecteurs de ne point rire. Moi-même, je n'ai pas la moindre envie de plaisanter. Toujours une confession exige de la solennité et du recueillement, soit de la part de celui qui la fait, soit de la part de celui qui l'écoute.

Un jeune abbé, vif, coquet, plein d'esprit et de verve, et

qui m'était un peu parent du côté de ma mère, l'abbé Gédoyn, puisqu'il faut l'appeler par son nom, ne s'avisa-t-il pas de me recommencer l'histoire des propos doucereux et des soupirs, à moi, pauvre vieille, qui l'avais si souvent entendue d'un bout à l'autre?

Je crus d'abord qu'il se moquait, et je pris pour le tancer mon ton le plus sévère.

Mais il s'agenouilla devant moi, pleura de véritables larmes, jura que les grâces de mon esprit l'avaient captivé, que mes rigueurs, si je persistais, le feraient mourir; enfin il me débita toutes les phrases usitées en pareille circonstance depuis le commencement du monde. Il osa même, Dieu me pardonne, soutenir que j'étais belle encore.

Après tout, son illusion était excusable. Une fois que la vieillesse a posé son cachet sur notre front, les changements de la physionomie ne se remarquent pas plus que les taches d'encre sur un habit noir.

Bref, mon étrange petit-cousin se montrait si violemment épris et me répétait à chaque minute de si chaleureux discours, qu'il réveilla dans mon cœur les restes de cette inclination dominante que j'avais toujours eue pour le plaisir.

— Prenez garde au moins, monsieur l'abbé, lui disais-je, prenez garde à ce que vous faites! Si vous insistez encore, je suis capable de me rendre.

— Oh! me dit-il en joignant les mains, ne me trompez pas! Il serait trop cruel de vous jouer de mon amour.

— Je ne vous trompe pas. Seulement je désire vous mettre à l'épreuve.

— Parlez! parlez! rien ne me coûtera pour vous obtenir.

— Si votre folie dure encore dans trois mois, à dater de ce jour, c'est-à-dire le 15 mars... eh bien, nous en recauserons.

— Dans trois mois, trois siècles! je serai mort.

— Ce n'est pas probable, mon ami.

— Grâce!... Ninon, ayez un peu pitié! je suis sûr de ne pas vivre jusque-là.

— Tant pis si vous manquez de patience, car c'est une résolution prise, je n'y changerai rien.

Il ne mourut pas, et les trois mois s'écoulèrent.

Au jour fixé, mon jeune amant vint se précipiter à mes genoux.

— Ninon! ma chère Ninon! s'écria-t-il, ah! c'est l'espérance qui m'a soutenu! J'ai compté avec angoisse toutes les minutes qui me séparaient de cet heureux jour. Pourquoi donc avoir ainsi retardé mon bonheur?

— Passez-moi, lui dis-je, un petit mouvement de vanité. La première fois que vous me suppliâtes de répondre à votre tendresse, je n'avais encore que soixante-dix-neuf ans huit mois et quelques jours.

Je le vis tressaillir; il jeta sur moi des yeux éperdus.

— Vous pouvez me croire, mon cher abbé. Une femme est incapable de mentir en pareille matière. J'ai voulu qu'il fût dit que Ninon de Lenclos, à quatre-vingts ans sonnés, avait eu une bonne fortune.

— Quatre-vingts ans! murmura-t-il avec stupeur.

— Oui, mon ami, je les ai, de ce matin même.

Nous nous regardâmes longtemps en silence. Il y avait dans ce terrible aveu de quoi tuer la passion la plus forte; mais celle de Gédoyn résista. Je vis son regard étinceler de nouveau. Ses lèvres couvrirent ma main de baisers; il s'écria avec enthousiasme :

— Qu'importe! l'esprit et la beauté n'ont point d'âge!

Le soir même, comme on essayait de le plaisanter sur sa conquête octogénaire, l'abbé répondit par ces rimes :

> Ah! mes amis, lorsqu'une tonne
> A contenu d'excellent vin,
> Elle garde un parfum divin
> Et la lie en est toujours bonne!

Au reste, j'ai hâte de dire que cette intrigue n'eut pas d'autre suite. Nous rentrâmes, Gédoyn et moi, dans les termes d'une douce et durable amitié. Je n'avais succombé que pour la curiosité du fait.

M. de Lauzun, peu de jours après, renversa l'anecdote.

A soixante-trois ans, il s'avisa de contracter mariage avec mademoiselle Dufort, petite Anglaise qui n'en avait que seize, et dont la maigreur était effrayante.

— Il va, sur mon âme, épouser tous les os des Saints-Innocents (1)! nous dit le duc de Saint-Simon, qui fréquentait alors assez régulièrement mon cercle.

C'était le fils de l'ancien favori de Louis XIII. Saint-Simon avait un naturel caustique et malin qui rendait sa conversation très-piquante. Il nous amusa beaucoup, en nous racontant quelques épisodes du mariage du duc de Bourgogne.

Sa Majesté Louis XIV avait déjà, depuis douze ou treize

---

(1) Par allusion au cimetière de ce nom, où des ossements étaient rangés en pyramides. (*Note des Éditeurs.*)

ans, l'honneur d'être grand-père. Comme il est d'usage de marier les rois et les princes du sang presque au sortir du berceau, le duc de Bourgogne, fils du grand Dauphin, reçut la bénédiction nuptiale à un âge où les enfants des bourgeois sont encore fouettés par leurs parents et leurs maîtres. La scène du coucher de la mariée fut, à ce qu'il paraît, des plus bizarres. Prenant la chemise que les dames d'honneur apportaient sur un plateau de vermeil, Sa Majesté la reine d'Angleterre la présenta gravement à la nouvelle duchesse, qui jouait encore à la poupée. Dans l'antichambre voisine, son petit époux, assis sur un pliant, se déshabillait en présence du roi et de toute la cour.

Une fois la mariée au lit, le duc de Bourgogne entra et vint se coucher à son tour.

Mais le grand Dauphin resta près de son fils, d'un côté, et madame de Lude près de la jeune duchesse, de l'autre. On offrit des dragées aux époux, qui les croquèrent avec toute la gourmandise de leur âge. Puis, au bout d'un quart d'heure, on fit relever le duc de Bourgogne, qui ne parut pas très-satisfait du procédé.

Au moment où il repassait tout penaud dans l'antichambre, le duc de Berry, plus jeune que lui de deux ans, lui frappa sur l'épaule et cria :

— Tu n'es pas un homme. J'aurais refusé de sortir du lit.

Louis XIV imposa gravement silence à ce petit démon qui conseillait la révolte à son frère. Il remit le duc de Bourgogne entre les mains de ses précepteurs, déclarant qu'il ne permettrait pas au nouvel époux de baiser, avant cinq ans, le bout du doigt à sa femme.

— Alors, grand-papa, dit le duc de Berry, pourquoi les avez-vous mariés? c'est ridicule.

En vérité, cet enfant n'avait pas déjà si grand tort.

Peu de temps après, M. le duc de Bourgogne fut confié aux soins de l'abbé de Fénelon, que son mérite extraordinaire poussait alors très-rapidement à la cour. Il fut nommé gouverneur du jeune prince.

Le roi, qui toujours s'était montré fort sévère pour ses enfants légitimes, avait pour ses bâtards la tendresse la plus irréfléchie. On a vu par quelles intrigues de toute sorte, et grâce à quelles tristes manœuvres le duc du Maine et le duc de Vendôme héritaient enfin de Mademoiselle. Non content de leur avoir assuré une fortune, Louis XIV voulut leur donner de la gloire. Il leur confia un commandement dans les armées de Hollande. Mais quels généraux cela fit, hélas! surtout M. le duc du Maine! Au moment d'une bataille, et pressé par Villeroy de charger l'ennemi, ce noble rejeton du plus grand monarque de la terre, cet illustre capitaine, réfléchit tout à coup qu'il est à jeun et demande un bouillon pour se donner des forces. Les messages du général en chef se succèdent ; à chaque minute des courriers arrivent tout ruisselants.

— Monseigneur, lui crie-t-on, attaquez vite, ou l'ennemi s'échappe!

— Eh? patience! répond le prudent guerrier : vous voyez bien que mon aile n'est pas en ordre.

Sous prétexte de mieux organiser ses escadrons, il passe une espèce de revue, au lieu de faire sonner la charge. Une cinquième estafette arrive, puis une sixième, puis M. de Villeroy lui-même, furieux de voir ainsi déranger son plan d'attaque, et ne comprenant pas cette impardonnable inaction du prince. Où était le royal bâtard! Devinez! Dans sa tente, aux genoux de son confesseur, prétendant que le premier devoir d'un bon chrétien était, avant le combat, de mettre ordre à sa conscience et de se réconcilier avec Dieu. Grâce à l'héroïsme de M. le duc du Maine, il n'y eut ni bataille ni victoire.

A Versailles, on n'osait pas apprendre au grand roi cette étrange nouvelle.

— Mais enfin, disait Louis XIV avec humeur, d'où vient qu'on a laissé l'ennemi faire retraite? Pourquoi ne s'est-on pas battu? c'est incompréhensible.

— Eh! pardieu! répondit Lavienne, le plus hardi de tous les valets de chambre, en ce qu'il avait beaucoup servi le roi au temps de ses amours, c'est la faute à Votre Majesté, qui ne se défie pas des proverbes.

— Hein!... que signifie ce langage, et qu'ont à faire ici les proverbes?

— Ma foi, répliqua Lavienne : il est maintenant reconnu et prouvé que *bon sang peut mentir*.

Là-dessus, il raconte en détail la superbe conduite de M. du Maine. Sa Majesté pâlit et garde le silence. Sur les entrefaites, la gazette de Hollande arrive. Elle renferme, comme on peut le croire, des articles pompeux et des louanges excessives du héros. Pour la première fois de sa vie Louis XIV perd la tête en public. Il oublie le soin de sa dignité, de son orgueil, et, ne sachant à qui s'en prendre du chagrin qu'il éprouve, il va casser sa canne sur le dos d'un malheureux valet de cuisine, qu'il surprend à manger un massepain.

Ceci se passait à Marly, au moment de se mettre à table, et en présence de toutes les dames et de tous les courtisans.

Grand tumulte, épouvante générale. Madame de Maintenon survient avec le père la Chaise. Ils aperçoivent le roi arpentant la salle comme un furieux, l'œil égaré, le visage pourpre, et tenant à la main le tronçon de sa canne.

— Parbleu! mon père, dit-il à son confesseur, je viens de rosser d'importance un maraud qui l'avait bien mérité.

— Ah! fit le père la Chaise surpris.

— Je lui ai brisé ma canne sur l'épaule... Ai-je offensé Dieu?

— Non, mon fils, non, répondit le saint homme, à qui Lavienne venait de glisser à l'oreille le mot de l'histoire. Il n'y a d'autre malheur à tout ceci que l'émotion inévitable d'une pareille scène, émotion dont votre précieuse santé peut souffrir.

Heureusement pour les épaules du valet, la canne était en roseau et n'offrait pas beaucoup de résistance.

Madame de Maintenon acheva de calmer le roi.

Avant la fin de la campagne, on rappela le grand duc du Maine, auquel d'Elbœuf s'empressa de dire en lui faisant un salut profond :

— Soyez donc assez aimable, monseigneur, pour m'apprendre où vous servirez la campagne prochaine?

Le héros se retourna, souriant, et tendit la main à d'Elbœuf, dont il ne remarquait pas l'accent ironique.

— N'importe où vous serez, dit celui-ci, je veux y être.

— Et pourquoi? demanda sottement le duc, qui devait pourtant s'attendre à la réponse.

— Parce qu'avec vous du moins on est assuré de la vie.

M. du Maine fit un soubresaut, comme s'il eût marché sur une couleuvre, et s'en alla sans répondre. Il avait autant d'esprit que de courage.

Voilà comment le ciel châtia le grand roi de son affection désordonnée pour les enfants de l'adultère.

Les années continuaient à fuir avec une rapidité effrayante. C'est une chose inouïe que la courte durée du temps pour les vieillards. Il semble que la vie est comme un de ces fleuves du nouveau monde, qui se précipitent de plus en plus, à mesure qu'ils approchent de la cataracte. Autour de moi, la mort recommençait à frapper des coups terribles. Madame de la Sablière s'éteignit à son château de Boulogne, et la Fontaine, affecté de la perte de sa bienfaitrice, ne tarda pas à la suivre. Il mourut en chrétien.

Nous étions encore sous l'impression de ce double deuil, lorsqu'un autre poëte périt victime de la plus regrettable plaisanterie.

La maison de Condé avait décidément pris l'habitude d'amener, chaque année, Santeuil à Dijon. M. le duc (1) raffolait du chanoine de Saint-Victor, et ce n'étaient là-bas que plaisirs de table et joyeuses soirées. Véritablement les plus hauts seigneurs, lorsqu'ils sont ivres, et même lorsqu'ils ne le sont pas, manquent parfois d'esprit et de sens. M. le Duc en donna la preuve. Après avoir poussé de vin de Champagne le pauvre Santeuil, ne s'avisa-t-il pas, à la fin du souper, de verser dans le verre du poëte tout le tabac d'Espagne contenu dans sa boîte d'or, afin de voir, disait-il, ce qui en adviendrait. Il en advint que son con-

---

(1) Le fils du grand Condé.   (Note des Éditeurs.)

vive fut pris de vomissements affreux et mourut, au bout de vingt-quatre heures, dans des souffrances inouïes.

M. le Duc le pleura de toutes ses forces; mais les larmes ne réparent point une sottise et ne rouvrent jamais une tombe.

Peu de jours après la nouvelle de la triste fin de Santeuil, je fus réveillée un matin par les cris d'une femme et par des coups violents frappés à ma porte. Je sonne mes gens. On ouvre, et quelle n'est pas ma surprise en voyant entrer tout en désordre cette cousine de M. de Fénelon que j'avais eu l'honneur d'admettre souvent à mes assemblées, et qui prêchait avec tant d'éloquence l'amour pur de Dieu.

« Sauvez-moi, mademoiselle!... oh! je vous en conjure, sauvez-moi! s'écria madame Guyon, qui se précipita vers mon lit, toute en larmes.

— Eh! qu'y a-t-il donc, ma pauvre enfant? lui demandai-je.

— On me poursuit, répondit-elle; on veut me conduire à Vincennes... n'est-ce pas affreux?

— A Vincennes!... une femme?... voilà qui est incroyable.

— Hélas! rien de plus vrai pourtant! Je n'ai plus de ressource qu'en vous.

— Qui donc vous persécute ainsi?

— Madame de Maintenon.

— Vous me surprenez étrangement. Ne vous avait-elle pas appelée à être l'une des directrices de Saint-Cyr?

— Oui; mais elle vient de m'en chasser pour ma doctrine. M. de Meaux lui persuade que je suis hérétique.

— Et l'abbé de Fénelon, votre cousin, refuse-t-il de vous défendre?

— Il a terminé l'éducation du duc de Bourgogne. Le roi vient de l'envoyer à l'évêché de Cambrai... Je suis sans protection, sans soutien... Pour Dieu, ne m'abandonnez pas!

— Le péril est donc imminent?

Sans me répondre, elle courut du côté de la porte et prêta l'oreille.

— Ah! miséricorde! les voici... je les entends... ils sont sur mes traces!

— Qui donc?

— Des hommes de police. Cachez-moi, ou je suis perdue!

Je sautai en bas du lit et je passai vivement une robe de chambre. Mais il était trop tard. La porte s'ouvrit. Deux exempts parurent.

Seulement alors j'appris que la malheureuse femme, arrêtée chez elle une heure auparavant, avait réussi à s'échapper, et qu'ayant reconnu ma maison dans sa fuite, elle s'y était réfugiée en toute hâte, ne croyant pas être suivie d'aussi près par les limiers du roi.

— Messieurs, dis-je aux exempts, je sais combien, en pareille circonstance, vos ordres sont formels. Néanmoins il y a des arrangements possibles à tout. Puisqu'il s'agit d'une femme, vous consentirez, j'espère, à y mettre un peu moins de rigueur. J'ai de l'influence à la cour, et je vous supplie en grâce de rester ici à veiller sur votre prisonnière, jusqu'à ce que j'aie vu madame de Maintenon.

Ils balançaient. Une bourse de vingt louis acheva de les décider. Je fis venir un carrosse, et je courus à Versailles, où j'arrivai juste à l'heure du lever de la cour.

Depuis l'esclandre de d'Aubigné, je n'avais pas vu Françoise. Elle savait que, par mes conseils, son frère était rentré à Saint-Sulpice; donc elle devait m'en être reconnaissante, et je ne doutais pas de son empressement à me donner audience. Mais je m'abusais de la plus étrange manière. Après une énorme demi-heure d'attente, un huissier parut et m'annonça que madame n'était pas visible.

— Pour d'autres, soit, m'écriai-je; mais pour moi, non! Veuillez dire que mademoiselle de Lenclos insiste... mademoiselle de Lenclos, entendez-vous? Je suis de ceux qu'on admet toujours, n'importe à quelle heure. Il faut que je parle à votre maîtresse pour affaire importante, et sur-le-champ.

Cet homme sembla confondu de mon audace. Mais il obéit et disparut. J'étais furieuse.

En vain je cherchais à comprendre la cause de ce refus d'audience, aucun motif plausible ne se présentait à mon esprit pour le justifier. Je ne me dissimulais pas qu'on me faisait un affront; mais dans quel but? en quoi l'avais-je mérité? quel était mon crime? Ne voyant revenir personne, je me promenais dans l'antichambre avec l'agitation de la colère.

Dix minutes après une porte s'ouvrit.

Ce n'était plus l'huissier. Je me trouvai en présence d'une femme de mon âge, attifée de la façon la plus bizarre, et dont la physionomie ne me parut pas étrangère. Après l'avoir saluée, j'examinai attentivement sa figure, et je poussai une exclamation de stupeur.

— Eh! c'est toi, Nanon, c'est bien toi! m'écriai-je, reconnaissant la vieille servante de Françoise, au bon temps du cul-de-jatte et de la misère.

— D'abord je ne suis plus Nanon, me répondit-elle d'un air pincé : je suis mademoiselle Balbien.

— Oh! oh! fis-je en voyant sa contenance roide et ses lèvres orgueilleuses, tu es donc aussi devenue une grande dame, toi, ma pauvre Nanon?... c'est curieux! Enfin, n'importe, nous sommes dans le pays des surprises. A propos, ta maîtresse me fait bien attendre.

— Madame de Maintenon n'est plus ma maîtresse, elle est mon amie.

— Bah!

— C'est comme j'ai l'honneur de vous l'affirmer.

— Peste! tu es singulièrement montée en grade.

— Il vous plaira de remarquer, mademoiselle, qu'en vous parlant j'ai le soin de dire *vous*, fit l'ancienne servante avec un ton si sec et si impertinent, que je ne pus m'empêcher de tressaillir.

— Où tend cette observation? lui demandai-je.

— A vous faire comprendre qu'il serait de la politesse la plus vulgaire d'imiter l'exemple que je vous donne.

— Eh bien, moi, je te dis *tu*, double sotte, et je me moque de ton exemple! m'écriai-je. On n'a jamais vu semblable déraison. Le monde est-il renversé, pour que les valets prennent ainsi le ton des maîtres?

— Mademoiselle!...

— Silence! et dépêche-toi, sans plus de discours, d'aller annoncer ma présence à Françoise, car tu as eu soin de la lui cacher sans doute?

— Non, c'est elle qui m'envoie.

— Tu plaisantes!... Allons, allons, il s'agit d'une affaire

grave, et j'ai hâte d'en finir. On ne me laissera pas, j'imagine, dans une antichambre pendant un siècle?

— Madame de Maintenon refuse de vous recevoir.

— Mensonge!

— C'est la vérité, me répondit-elle avec un calme insultant.

La colère n'avait jamais envahi mon âme avec plus de force. J'essayais en vain de me contenir.

— Pourquoi donc, illustre Nanon, serais-je privée du plaisir de voir votre majestueuse amie?

— Parce qu'il est bon de vous apprendre que nous connaissons vos menées indignes...

— Qu'entendez-vous par ces paroles?

— Votre basse jalousie.

— Je ne devine pas les logogriphes, aimable servante parvenue.

— Oh! vous devez parfaitement me comprendre.

— En aucune façon, je vous assure, douce cousine du marmiton Jean Claude.

— On n'invite pas à déjeuner le frère de madame pour lui donner de bons avis, et d'Aubigné ne vient pas tout juste faire un scandale, lorsque nous sommes là, sans qu'il ait reçu de nous le mot d'ordre, ajouta-t-elle en ricanant.

— Quoi! m'écriai-je, Françoise pourrait supposer...

— Madame de Maintenon n'est pas plus *Françoise* pour vous que je ne suis *Nanon*, et vous lui ferez plaisir de la priver dorénavant de vos assiduités et de vos visites.

Elle me tira là-dessus sa révérence.

Voyant qu'elle se disposait à sortir, je courus après elle et je la ramenai violemment.

— Tu resteras! criai-je, tu resteras, sotte et ridicule mégère! et tu porteras à Françoise... à Françoise, comprends-tu?... à Françoise d'Aubigné, que j'ai tirée du besoin, que j'ai vingt fois secourue de ma bourse et qui me doit de n'être pas morte de faim... tu lui porteras le billet que je vais écrire!

Elle devint très-pâle et parut redouter l'éclat de ma colère. J'avais sur moi des tablettes. En moins d'une minute, j'eus tracé les lignes suivantes :

« Je ne tiens nul compte des propos stupides de votre domestique. Cette fille a perdu le sens. Jamais, je vous le jure devant Dieu, l'intention de vous nuire n'est entrée dans mon esprit. D'Aubigné vous dira que j'ai la première et constamment blâmé sa conduite. Vous n'avez donc aucune raison de me désobliger. Si vous croyez, au contraire, me devoir quelque reconnaissance, accordez-moi la grâce d'une malheureuse femme à laquelle je m'intéresse. Elle attend chez moi la révocation d'une lettre de cachet qui la condamne à l'emprisonnement. Une question religieuse ne peut être une question d'État. »

Pliant aussitôt cette lettre, je la remis à Nanon en lui disant :

— Réponse immédiate, ou je fais du scandale.

Elle sortit en me lançant un regard de haine. Un temps infini s'écoula sans qu'elle reparût. Je ne savais que penser de ce retard, et je songeais au moyen de pénétrer dans les appartements malgré la consigne, lorsque tout à coup je vis rentrer la vieille servante. Son air était plus insolent encore. A sa suite marchaient quatre soldats aux gardes, qui lui servaient d'escorte.

— Daignez, me dit-elle, écouter la réponse verbale que je suis chargée de vous faire.

— Une réponse verbale... J'écoute.

— Madame de Maintenon vient d'expédier un courrier. Il galope en ce moment sur la route de Paris.

— Fort bien. De quel message est-il porteur?

— Vous ne le devinez pas?

— Non.

— Il va remettre à qui de droit l'ordre exprès de saisir chez vous, rue des Tournelles, madame Guyon, et de la conduire à la Bastille, où elle sera plus vite enfermée qu'à Vincennes, et d'une manière plus sûre.

— Oh! m'écriai-je, c'est infâme!

— Attendez, ce n'est pas tout. Vous avez dû garder bonne mémoire du couvent des *Repenties?* eh bien, au moindre geste que vous allez faire, à la moindre parole que vous allez dire, voici de fidèles soldats du roi chargés de vous en apprendre de nouveau le chemin. Je suis, mademoiselle, votre servante très-humble.

Elle sortit. Je tombai sur un siége en poussant un cri sourd. Me voir aussi indignement traitée, et par une Nanon! Il y avait de quoi devenir folle d'indignation et de rage.

Les gardes n'avaient pas quitté l'antichambre.

— C'est bien, messieurs, je me retire... sans éclat, sans scandale, leur dis-je, fort émue, et maîtrisant la colère qui me faisait bouillir le sang dans les veines.

Je regagnai ma voiture à la porte du château.

Ici, je le demande en conscience à mes lecteurs, pouvait-on se conduire envers moi d'une manière plus injuste et plus ignoble? Tout mon cercle fut courroucé de l'ingratitude et de l'outrecuidance de la veuve Scarron. Le ciel m'est témoin que je n'avais jamais envié sa fortune. Sans doute il me restait pour elle une amitié beaucoup moins vive qu'autrefois; sa conduite me semblait mériter le blâme, la puissance lui avait gâté l'esprit et changé le cœur; mais, entre ce refroidissement et la trahison, la distance était grande.

Susciter à quelqu'un des tracasseries à la sourdine, jalouser bassement une amie et tramer contre elle des intrigues dans l'ombre, voilà qui se trouvait entièrement en désaccord avec la franchise de mon caractère.

Rendue au calme et réfléchissant à tous ces ridicules, à toutes ces sottises, je finis par hausser les épaules et par en rire. Était-il possible de rien voir de plus comique, en effet, que cette ancienne servante de Scarron, métamorphosée en femme d'importance et tranchant de la duchesse! Nanon disposait des charges et des priviléges. Madame de Lude lui donna vingt mille écus pour obtenir l'emploi de première dame d'honneur auprès de la duchesse de Bourgogne. Voilà où en était tombée la cour.

Et cette pauvre madame Guyon, que j'avais eu l'espoir de sauver, resta six ans prisonnière, et Fénelon fut disgracié à cause d'elle!

Bientôt les ennemis de M. de Cambrai, Françoise et son époux en tête, réussirent à faire condamner par la cour de Rome le livre des *Maximes des Saints*. Versailles tout entier se jeta dans la cagoterie et dans l'exagération la plus folle des sentiments religieux.

Hélas! je n'avais plus auprès de moi Molière!

L'auteur des *Précieuses* et du *Tartufe* aurait pu seul tracer la peinture de ces nouveaux et dangereux ridicules, et les châtier, comme dit Horace, en riant, et en excitant contre eux le rire du public.

Néanmoins, je réussis à stimuler la verve d'un de mes poëtes. Trois semaines après, on jouait la *Fausse Prude* aux Italiens. Ce portrait de madame de Maintenon était on ne peut plus ressemblant : j'avais fourni les couleurs. La pièce eut un succès prodigieux d'à-propos et de circonstance. Pourquoi donc ne me serais-je pas vengée? Dieu me garde de nuire jamais la première au prochain, de gaieté de cœur et sans raison. Mais, si l'on commence, j'achève; si l'on m'outrage gratuitement, je tâche de rendre une double offense.

Ce ne sont pas là, me dira-t-on, les maximes de l'Évangile. Je l'avoue; mais n'est pas saint qui veut.

XV

Au commencement de l'année 1695, on vint m'apprendre la mort de madame Deshoulières, cette intrépide ennemie de Racine, que j'avais fini par rendre à des sentiments plus justes et à des opinions moins extravagantes.

Elle était devenue l'une des colonnes de mon cercle. Sa perte me fut très-sensible.

Comme je me suis montrée plus haut sévère pour elle, je tiens à rendre justice aux qualités dont elle m'a par la suite donné la preuve, et je consacre un chapitre à son histoire, qui est, en vérité, fort intéressante :

Elle s'appelait de son nom de famille Anne-Antoinette Ligier de la Garde.

Née dans l'un des petits appartements du Louvre, elle avait eu l'honneur d'être tenue sur les fonds de baptême par la reine Anne d'Autriche, dont son père était maître d'hôtel.

Antoinette, à l'âge de seize ans, devint une aimable et délicieuse personne. La nature s'était plu à rassembler en elle tous les agréments du corps et de l'esprit. Elle avait une beauté peu commune, une taille d'une extrême élégance, des manières pleines de distinction et de noblesse. Son enjouement, sa vivacité, son goût pour les plaisirs, n'excluaient pas une certaine mélancolie douce et pleine de charmes qui lui gagnait tous les cœurs. Elle dansait avec grâce et montait à cheval comme Antiope, la reine des Amazones.

La jeune fille savait à peine prononcer deux mots et lier deux idées ensemble, qu'on lui donna des professeurs de latin, d'italien et d'espagnol. On parlait au Louvre ces deux dernières langues, à cause de Marie de Médicis et de la jeune reine. La mère de Louis XIII était entourée de Florentins et sa femme de Castillans.

M. de la Garde, qui tenait à donner à sa fille une éducation sérieuse, ne lui permettait de lire que des ouvrages philosophiques ou religieux, dont le contenu devait nécessairement avoir peu d'attrait pour une enfant de cet âge. Un jour, Antoinette s'empara d'un livre qu'une femme de chambre avait essayé de dérober à ses regards. C'était un roman pastoral du vieux d'Urfé.

— Tu lis des romans, ma bonne, dit la jeune fille; je m'en vais demander à mon père la permission d'en lire comme toi.

— Gardez-vous-en bien! s'écria la suivante.

Et, pour acheter le silence de sa maîtresse, elle lui prêta l'histoire édifiante et instructive des bergers du Lignon; puis aux romans de d'Urfé succédèrent ceux de la Calprenède et de mademoiselle de Scudéri. Beaucoup de jeunes filles ne se perdent pas d'une autre façon. Mais Antoinette avait une excellente nature; elle était douée d'un sens rare; bientôt elle se dégoûta des livres frivoles et revint d'elle-même à des lectures plus saines.

Comme elle aimait beaucoup la poésie, M. de la Garde donna dix louis par mois au poëte Hesnaut pour lui enseigner l'art des vers. Le maître est aujourd'hui moins connu par ses ouvrages que par l'honneur d'avoir formé une telle élève.

A l'âge de dix-huit ans, Mademoiselle de la Garde épousa Guillaume Lafon de Boisguerry, seigneur des Houlières.

C'était un gentilhomme du Poitou, attaché au prince de Condé. La reine désapprouva hautement ce mariage; mais son maître d'hôtel lui représenta qu'il était loin d'avoir fait fortune dans l'exercice de sa charge. Anne d'Autriche, piquée, et soupçonnant du reste M. de la Garde d'être un peu frondeur, ne donna qu'une dot médiocre à sa filleule.

Deshoulières était lieutenant-colonel dans un des régiments de M. le Prince. Trois mois après son mariage, il fut obligé de suivre Condé en Espagne, et sa jeune épouse alla demander asile à ses parents, qu'Anne d'Autriche avait alors renvoyés du Louvre et qui habitaient une petite maison à Auteuil.

Dans cette retraite, elle étudia les doctrines philosophiques du célèbre Gassendi, nommé déjà, depuis sept ou huit ans, professeur au collége de France.

Mais bientôt, ne pouvant résister au désir de rejoindre son mari, et sachant qu'il venait de gagner la Flandre avec le prince, elle prit la poste et passa la frontière. La cour de Bruxelles lui fit un accueil charmant. On s'émerveilla de sa beauté, de son esprit, de ses grâces ; mais elle repoussa tous les hommages, et cette sagesse inflexible changea bientôt en ennemis ceux qui d'abord lui avaient fait d'abord les plus chaudes protestations de dévouement. Plusieurs même poussèrent la rancune jusqu'à la desservir à la cour et parvinrent à la faire passer pour une espionne d'Anne d'Autriche et de Mazarin. Jamais calomnie plus indigne n'obtint plus de créance.

Surprise de voir tout le monde s'éloigner d'elle, madame Deshoulières en cherchait vainement la cause.

On cessa de payer les appointements de son mari. Elle courut chez le ministre demander raison de cette injustice. Au lieu d'écouter ses plaintes, on la décréta d'arrestation sur l'heure, et on l'envoya sous bonne escorte au château de Vilvorde, à deux lieues de Bruxelles. Elle y resta quatorze mois dans une solitude complète et sans communication possible avec le dehors.

Une petite maîtresse d'aujourd'hui, en butte à ces adversités imprévues, succomberait évidemment au chagrin ;

mais les femmes du commencement de ce siècle avaient trempé leur âme dans une éducation trop forte pour ne pas dominer, en toute circonstance, la faiblesse de leur nature. Au château de Vilvorde, madame Deshoulières se réfugia dans la religion et dans l'étude. Elle apprit la théologie, commenta l'Écriture, depuis Origène jusqu'à saint Augustin.

Longtemps son mari ne put savoir ce qu'elle était devenue.

Apprenant enfin dans quelle prison la cour de Flandre avait enfermé Antoinette, et désespérant de fléchir leurs ennemis communs, il forme un projet audacieux, prétexte une mission du prince, emmène avec lui quarante hommes intrépides, qu'il arme jusqu'aux dents, et, profitant d'une nuit sombre, il se dirige avec sa troupe du côté du château de Vilvorde. A la faveur de l'obscurité, il comble avec des fascines et de la terre l'endroit le moins profond du fossé, traverse ce pont mouvant, au risque de périr dans la vase, plante l'échelle au rempart, y monte, suivi de ses hommes, surprend deux sentinelles, avant qu'elles aient pu donner l'alarme, et court au logis du gouverneur.

Garrotté au milieu de son sommeil et le mousquet sous la gorge, celui-ci s'empresse d'obéir aux sommations de Deshoulières.

Toute la garnison du château dépose les armes. On livre la clef des portes; une berline de voyage emporte les fugitifs, et ils gagnent en quelques heures la terre de France.

La nouvelle de cette action intrépide arrivait à Paris en

même temps qu'eux. Il en fallait beaucoup moins pour les mettre à la mode. On accordait alors aux Frondeurs une amnistie pleine et entière. Le secrétaire d'État le Tellier présenta nos époux à la reine et au cardinal. Anne d'Autriche embrassa sa filleule, et tout fut oublié.

Par malheur, le pardon de la régente n'eut pas le résultat que Deshoulières et sa femme avaient droit d'en attendre. Une pension leur était promise; mais, comme Mazarin tenait la clef des coffres, et n'y puisait que pour les siens ou pour lui-même, Antoinette sollicita vainement le ministre : elle n'en put rien obtenir. Deshoulières, voyant une foule de créanciers hurler à sa porte, demanda une séparation de biens, et leur abandonna le peu qu'il possédait, se résignant à vivre avec le revenu de la faible dot qu'Antoinette, autrefois, avait reçue de sa royale marraine.

Cela ne suffisait pas, à beaucoup près, aux exigences de leur position et de leur rang.

Mille occasions s'offrirent à madame Deshoulières de passer d'un état de gêne à un état complet d'opulence; mais, comme il eût fallu acheter cette fortune au prix de sa sagesse, elle se décida courageusement à rester pauvre, et chercha dans la poésie, pour laquelle son goût ne faisait que s'accroître, des moyens d'existence. Il est rare qu'aux flancs du Parnasse les plus chers favoris d'Apollon trouvent un filon d'or. Les premiers vers d'Antoinette, publiés par le *Mercure galant*, obtinrent un grand succès d'estime; mais le journaliste ne les paya point, et fit comprendre à madame Deshoulières qu'elle était encore trop heureuse d'avoir l'accès de sa feuille pour se faire apprécier et connaître du public : raisonnement spécieux qui se perpétuera d'âge en âge, au détriment de l'estomac des poètes, pour lesquels la nature aurait dû faire une exception, en donnant quelque chose de plus substantiel à la gloire et de plus nourrissant à la fumée.

Il arriva bientôt en France à madame Deshoulières ce qui lui était arrivé à Bruxelles. Tous ses admirateurs dédaignés la décrièrent.

Comme ses poésies renfermaient toujours des plaintes, sur le mauvais état de sa fortune, on lui donna le sobriquet de *Muse mendiante*. Personne ne lui vint en aide. Elle fut dans un état voisin de la misère jusqu'à la mort de son mari, et resta veuve avec trois enfants. Ce fut alors qu'elle écrivit cette charmante bluette qui commence de la sorte :

> Dans ces prés fleuris,
> Qu'arrose la Seine,
> Cherchez qui vous mène,
> Mes chères brebis, etc.

L'idylle des *Moutons* n'est qu'une adroite requête à Louis XIV, et madame Deshoulières obtint une pension de deux mille livres, dont le *Mercure galant* s'attribua l'honneur, profitant de cette circonstance pour continuer à publier gratis les vers d'Antoinette.

Elle eut pour amis intimes Thomas Corneille, Ménage, Benserade, Fléchier, Mascaron et Quinault. Son commerce était adorable; son entretien, vif, délicat, plein de saillies imprévues, ne causait jamais un moment de fatigue. Tous les poètes du siècle la chantèrent, et Benserade remplaça la dénomination injurieuse de *Muse mendiante* par celle de *Calliope française*, qu'elle conserva jusqu'à la fin de ses jours comme son plus beau titre de gloire.

Bussy-Rabutin rechercha l'entrée de son cercle; mais elle fut obligée de le mettre à la porte pour échapper à ses entreprises téméraires et préserver ses amis de la causticité dont le comte faisait éternellement parade.

Le goût reconnu de madame Deshoulières ne lui fit défaut qu'une seule fois, et dans une circonstance trop éclatante pour qu'elle obtienne, même après son repentir, le pardon de la postérité.

Elle composa contre l'œuvre de Racine un sonnet qui débute ainsi :

> Dans un fauteuil doré, Phèdre tremblante et blême,
> Dit des vers où d'abord personne n'entend rien.

Madame de la Sablière, qui défendait la bonne cause, se brouilla dans cette occasion avec Antoinette, et s'écria, quand on lui eut montré le sonnet contre Racine :

— Voyez s'il n'y a pas de quoi tomber des nues! Cette douce et intéressante bergère, qui parlait si tendrement aux moutons, aux fleurs, aux oiseaux, a changé tout à coup sa houlette en serpent!

Du reste, nous l'avons dit ailleurs, madame Deshoulières eut pour complice madame de Sévigné. On ne s'expliquera jamais que deux personnes, inscrites au premier rang des femmes célèbres du siècle, se soient montrées injustes pour le plus bel ouvrage de la scène tragique. Madame de Sévigné cédait à une rancune personnelle et suffisamment motivée pour qu'elle lui serve d'excuse. Elle ne pouvait souffrir ni Boileau, ni Racine, les accusant avec raison, l'un et l'autre, d'avoir favorisé l'intrigue du marquis de Grignan, son petit-fils, avec la Champmeslé. Pour madame Deshoulières, nous la soupçonnons d'avoir obéi, dans cette circonstance, à un sentiment beaucoup moins noble, à l'envie. Tentée par la gloire du théâtre, elle avait composé plusieurs pièces importantes, pour lesquelles le public n'eut aucune espèce d'enthousiasme. La première fut une tragédie de *Genseric*, d'un plan très-vicieux et d'une versification médiocre. Ce fut au sujet de cette œuvre sans mérite et sans couleur qu'elle reçut un conseil devenu proverbial. On lui cria de tous côtés :

Retournez à vos moutons.

Sa tragédie de *Jules Antoine* eut encore moins de succès.

Il est à remarquer que le plus grand nombre des auteurs s'obstinent le plus souvent dans un genre antipathique à leur esprit. Madame Deshoulières, repoussée par Melpomène, voulut recourir à la muse comique; mais Thalie, par malheur, lui fut plus défavorable encore. Sa comédie des *Eaux de Bourbonne*, et ses deux opéras de *Zoroastre* et de *Sémiramis* eurent une chute que signalent toutes les gazettes de l'époque, et dont il lui fut impossible de se relever.

Les nombreux détracteurs d'Antoinette prirent occasion

de ces désastres littéraires pour lui refuser jusqu'à l'ombre du talent.

C'est une exagération ridicule. Antoinette eut tort de vouloir élever trop haut son vol, et surtout de nier le mérite des tragédies de Racine, parce que les siennes étaient mal accueillies ; mais elle était née pour la poésie tendre ; et de toutes les femmes qui se sont exercées dans ce genre, elle est évidemment la plus célèbre, puisqu'elle est celle dont on a retenu le plus de vers.

Elle mourut à l'âge de soixante-deux ans, d'un cancer au sein. La même maladie avait emporté Anne d'Autriche, sa marraine.

Au milieu des souffrances de ses derniers jours, elle paraphrasa les *Psaumes* et composa les *Réflexions morales*, son meilleur ouvrage après les *Idylles*.

L'évêque de Meaux lui apporta les secours de la religion à sa dernière heure.

— Jamais, dit-il, je ne vis agonie plus résignée, sentiments plus chrétiens, sacrifice plus absolu de la vie. Cette âme angélique a dû monter droit au ciel.

XVI

La chose la plus incompréhensible de cette époque fut sans contredit la persévérance de Louis XIV dans son engouement pour madame de Maintenon. Beaucoup de personnes affirment qu'il y avait là-dessous de la magie et du sortilége.

A propos de magie, il y eut bientôt une histoire étrange. Un maréchal-ferrant d'un pauvre hameau de Provence arrive un beau jour à Versailles et demande à entretenir le roi d'un fait qui concerne Sa Majesté seule.

— Y songez-vous, mon cher? lui dit le major des gardes; c'est impossible. Il faut une lettre d'audience, et cela s'obtient très-difficilement. Le roi, d'ailleurs, ne peut recevoir ainsi tout le monde.

— D'accord, mais je ne suis pas tout le monde.

— Çà, voyons, de la part de qui venez-vous?

— Je viens de la part du ciel.

Tous les gardes de lui rire au nez à cette réponse. Mais le brave homme insiste et prétend qu'il a les choses les plus importantes à révéler au maître de Vesailles. Survient le maréchal de Torcy, neveu de Colbert. Il entend le dialogue et mène aux ministres l'envoyé du ciel. Ceux-ci, frappés du ton naïf du campagnard, de son air probe et de son assurance, prennent le parti d'informer Louis XIV de l'aventure. Le roi écoute sérieusement ce qu'ils lui racontent et accorde l'audience.

Introduit dans le cabinet de Sa Majesté, le maréchal-ferrant entame le récit le plus fantastique du monde.

— Je revenais, dit-il, de ferrer tous les chevaux de M. d'Épernon, qui habite une maison de plaisance entre Marseille et mon hameau natal. Je traversais un bois, il faisait nuit. Tout à coup je me trouve environné de lumière. Une grande femme traverse la route, vient à moi, m'appelle par mon nom et me dit : « Tu vas partir à l'instant même pour Versailles, où tu diras au roi que tu as vu le fantôme de la reine son épouse, et que ce fantôme lui commande, au nom du ciel, de rendre public le mariage tenu secret jusqu'à ce jour. »

— Mais, objecta le roi, passablement étourdi de la communication, rien ne m'assure que vous n'ayez pas été victime d'une erreur des sens.

— Je le crus d'abord ainsi que vous, répondit le maréchal, et je m'assis au pied d'un orme, pensant que ma tête déménageait ou que je venais au moins de rêver tout éveillé. J'essayais donc de me convaincre que j'avais été le jouet d'une illusion, lorsque deux jours après, repassant au même endroit, je revis le fantôme, qui me menaça des plus grands malheurs pour ma famille et pour moi-même, si je ne lui obéissais au plus vite.

— Et maintenant, dit Louis XIV, un autre doute se présente ; n'êtes-vous point un imposteur ? Je crains fort qu'on ne vous ait payé pour me tenir ce langage.

— Afin de vous assurer que je ne vous en impose pas, Sire, veuillez répondre à une seule question.

— Volontiers, fit le monarque.

— Avez-vous parlé à âme qui vive de la visite nocturne que vous a rendue feu la reine mère au château de Ribeauvillers ?

Louis XIV se sentit pâlir.

— Non, murmura-t-il, je n'ai confié cela à personne.

— Eh bien, l'apparition de la forêt m'a dit de vous rappeler cette visite, si vous mettiez en doute ma bonne foi.

— Voilà qui est étrange!

— Avant de disparaître, la femme blanche a ajouté ces mots : « Il faut qu'il m'obéisse comme il a jadis obéi à sa mère. »

Le roi resta pétrifié. Il appela le duc de Duras et lui fit part du résultat de son entrevue avec le maréchal-ferrant. On se rappelle que je connaissais beaucoup Duras. Ce fut de sa propre bouche que, peu de jours après, je sus l'anecdote.

— Ah! miséricorde! criai-je, il y a là-dessous un nouveau tour de la veuve Scarron et de madame Arnoul!

Duras étonné m'interroge. Rien ne m'obligeait au mystère. Je lui raconte aussitôt l'histoire de ma haine contre la Montespan, mon voyage en Alsace et l'intrigue dont j'avais été complice.

— Évidemment, ajoutai-je, le maréchal-ferrant est de bonne foi. C'est un pauvre homme, simple et crédule, qu'on a pris aisément au panneau. Il habite à quelques lieues de Marseille, dans le voisinage de madame Arnoul, qui a si bien organisé l'apparition du château de Ribeauvillers et avec laquelle madame Louis XIV entretient une correspondance. Voyez-vous le fil de tout cela, monsieur le duc?

— Vous avez raison, me dit-il. Nous avons affaire aujourd'hui à quelque fantôme du même genre, et votre devoir est de prévenir le roi. Peut-être aurait-il la faiblesse de déshonorer le trône aux yeux de l'Europe et de tout l'univers, en y faisant asseoir la Maintenon. C'est grave, c'est fort grave.

Ce discours me donna beaucoup à réfléchir.

— Monsieur le duc, lui dis-je après une minute de silence, permettez-moi de songer à mon repos avant de m'occuper des intérêts de Louis XIV et de l'honneur de sa couronne.

— Pourtant, ma chère...

— Veuillez ne pas m'interrompre. Il y a, selon moi, fourberie, et fourberie flagrante. Mais que voulez-vous que je fasse? Puis-je m'accuser moi-même? Est-il prudent de doubler la haine que me porte déjà cette femme? Ne trouvera-t-elle pas toujours moyen de se faire pardonner et de me rendre victime de ma franchise?

— En effet, murmura-t-il.

— Jugez la situation, mon cher duc. Si vous m'aimez réellement, vous ne me compromettrez pas dans cette affaire. Bornez-vous à user de ce que je viens de vous apprendre pour inspirer des soupçons au roi. Il est de toute évidence que les deux intrigues se lient : donc les auteurs de la seconde apparition ont pu très-facilement lui rappeler le souvenir de la première. En visitant le château de Ribeauvillers, on découvrira, sur les indices que je donne, l'issue mystérieuse. Il n'en faudra pas davantage pour faire comprendre à Louis XIV qu'il a été dupe et pour empêcher la veuve Scarron d'être proclamée reine de France. Soit dit entre nous, je ne tiens nullement à lui voir le front couronné du diadème.

Duras comprit mes craintes, approuva mon plan et agit en conséquence. Le roi le chargea de visiter le sombre manoir des Vosges, accompagné de MM. de Brissac et de Pontchartrain.

Au retour de ces messieurs, on devine quel fut leur rapport. Décidément le mariage resta secret.

Bien qu'assuré du charlatanisme, Louis XIV ne chercha pas à en punir les auteurs, et n'en resta que plus affectueux pour madame de Maintenon. La crut-il étrangère à ces ruses coupables, ou trouva-t-il naturel qu'elle employât tous les moyens en son pouvoir pour rendre public l'honneur qu'elle avait reçu? je l'ignore. Quoi qu'il en soit, l'habileté de la femme triompha dans cette circonstance comme dans toutes les autres.

Il est à présumer, du reste, que le père la Chaise et la peur de l'enfer entraient pour beaucoup dans l'affection exagérée du monarque. La vieillesse le marquait de son impitoyable sceau. Près de lui la tombe était entr'ouverte, et il croyait racheter ses torts passés en forçant tout ce qui l'entourait à faire pénitence. Le rigorisme devenait de plus en plus effrayant; au moindre scandale on vous emprisonnait. C'était un singulier spectacle que donnait ce vieillard, oubliant sa jeunesse et se montrant sans pitié pour des passions qui ne pouvaient plus l'atteindre. A l'exemple du lâche, il frappait un ennemi à terre.

Incapable d'exciter dorénavant les femmes à l'oubli de la sagesse, Louis XIV se faisait un mérite de les contraindre à la vertu.

Ses enfants et ses petits-enfants étaient obligés de se confesser une fois la semaine. Une disgrâce complète eût puni l'inobservation de ce point rigoureux de discipline. Jamais il ne fut permis à monseigneur le Grand-Dauphin d'avoir un autre confesseur que celui du roi. Toute la famille royale devait communier en public à Pâques, à la

Pentecôte, à l'Assomption, à la Toussaint et à Noël. On fit même un crime à la duchesse de Bourgogne de ne pas communier plus souvent.

Madame de Maintenon arrangeait ces choses avec le jésuite, et Louis XIV appuyait chaque article du règlement de tout le poids de sa puissance.

Il exigeait qu'on eût pour sa vieille épouse un respect plus absolu que pour lui-même.

Un jour, au camp de Compiègne, où soixante mille hommes avaient été rassemblés pour simuler un siége, on le vit rester plus d'une heure, debout et la tête découverte, à l'un des côtés de la chaise où se tenait madame de Maintenon, à lui expliquer la marche des troupes, le nom des régiments et les diverses manœuvres. Si devant lui on avait le malheur, même involontairement, de faire allusion au passé de la dame, on pouvait être sûr d'exciter son plus violent courroux.

Ce fut ce qui arriva à ce pauvre Racine.

Le roi le tenait en estime profonde. Il lui en donnait à chaque instant de nouvelles marques et venait de le nommer gentilhomme ordinaire. Racine était admis aux petites réunions intimes, et, la conversation, un soir, étant tombée sur les théâtres, Louis XIV dit :

— Mais sommes-nous donc en décadence, et l'esprit chez nous s'en va-t-il, monsieur? D'où vient, s'il vous plaît, que la comédie est beaucoup moins en faveur qu'elle ne l'était il y a vingt ans?

— Sire, cela tient à plusieurs choses, répondit le poëte. On ne peut pas constamment jouer Molière. Depuis sa mort, il ne s'est pas révélé d'auteur comique, et l'on dirait que personne n'ose plus s'essayer dans le genre après lui; de sorte que nos comédiens sont fort embarrassés. Faute d'œuvres nouvelles, ils en donnent d'anciennes, entre autres ces pitoyables pièces de Scarron, qui rebutent tout le monde.

A ce nom fatal, échappé naïvement aux lèvres du malheureux poëte, madame de Maintenon devint écarlate, et le roi tressaillit comme s'il venait d'être piqué par un reptile.

Racine, comprenant son étourderie, voulut balbutier quelques mots d'excuse.

Mais ce fut bien pis alors. La sainte femme lui lança des regards furibonds, et Louis XIV, changeant brusquement de matière, s'écria :

— J'ai lu dernièrement de vous, monsieur, certain griffonnage où vous cherchez la cause des misères du peuple sous mon règne. Les poëtes sont assez ordinairement de pitoyables hommes d'État. Nous ne souffrons, d'ailleurs, aucune critique, même indirecte, de notre puissance.

— Ah! dit Racine, je proteste à Votre Majesté...

— Qu'ai-je à faire de vos protestations? Restez chez vous à l'avenir, et tâchez, dans votre intérêt, de vous occuper d'autres études.

A la fin de ce brusque et amer discours, le roi congédia l'auteur de *Phèdre* avec un de ces gestes qui n'appartiennent qu'à lui. Racine conçut de sa disgrâce un chagrin si vif, que malgré nos consolations et nos raisonnements, il tomba malade et mourut. On peut dire que Louis XIV et la veuve Scarron l'ont tué.

C'est vraiment dommage que ce vieux roi et son antique

compagne n'aient pu réussir à faire boire à tout le royaume des eaux du fleuve Léthé.

Presque en même temps que Racine, mourut mon pauvre jardinier le Nôtre, dont l'amitié m'était si précieuse, excellent homme, d'une bonhomie si douce et d'un cœur si rare. Hélas! où s'arrêtera cette moisson de la mort? Presque tout mon siècle est déjà tombé sous sa faux cruelle. Je ne reste debout que pour voir à chaque instant une fosse s'ouvrir à côté de moi et se refermer sur une nouvelle victime. Tous mes grands hommes, tous mes amis les plus chers, ne sont plus. Condé, Marsillac, Molière, Corneille, la Fontaine, Racine; mesdames de Longueville, de la Sablière, de Sévigné, de la Fayette et vingt autres m'ont déjà précédée dans le grand voyage. Il faut me préparer à les rejoindre.

A mesure que j'approche du but, les doctrines philosophiques, sur lesquelles je me suis appuyée pendant la route, me semblent de plus en plus creuses et mensongères. Il me passe dans l'esprit d'incompréhensibles terreurs.

J'ai plaisanté jusqu'à ce jour de ceux que la crainte de l'enfer jette dans la dévotion, et voici que moi-même je me demande si les principes dont j'ai fait parade sont bien les seuls et raisonnables principes. Est-il vrai que la vie ne soit qu'un pèlerinage et un temps d'épreuve? Alors ceux qui n'y ont cherché que le plaisir se sont écartés des vues du ciel. De l'autre côté de la tombe, ils doivent nécessairement trouver le châtiment et la souffrance.

Pourquoi ne pas l'avouer? Je m'empressai de rompre avec une philosophie qui pouvait être le mensonge, et je me dépouillai des vieux haillons de mon système. Sans devenir bigote, je priai Dieu de me tenir compte, pour le pardon, de ce qu'il y avait eu·de franchise et de loyauté dans mes erreurs.

Dès ce moment, je remplis avec scrupule mes devoirs religieux.

J'étais, pour le coup, bien décidément vieille. Il ne restait plus la moindre trace de cette beauté dont j'avais été si fière. La vieillesse, chez l'homme, garde encore quelque chose d'imposant et de majestueux ; mais nous, pauvres femmes, nous sommes de tristes ruines ! Si j'avais assisté au conseil du Créateur, quand il a formé la nature humaine, je l'aurais engagé à mettre les rides sous le talon.

XVI

Par suite du départ presque général de mes intimes pour l'autre monde, mon cercle devenait désert. Il ne me restait plus de ma société si nombreuse et si brillante que deux amies aussi vieilles que moi : la comtesse de Sandwick et Magdeleine de Scudéri.

Madame de Sandwick avait conservé un luxe de toilette fort curieux à son âge, et qu'elle excusait d'une manière aussi originale que piquante. Lui voyant, un jour, une robe de dessous garnie de dentelles, je m'écriai toute surprise :

— Eh quoi! chère comtesse, une pareille coquetterie!... A quoi songez-vous donc?

— Ah! fit-elle, qui sait?... on peut rencontrer un insolent.

Mes amies habitaient l'une et l'autre le faubourg Saint-Germain. Cela nous occasionnait de bien grandes courses, quand nous désirions nous voir. J'étais seule de mon côté, tandis qu'elles étaient deux du leur : le sacrifice à notre rapprochement devait donc être fait par moi. Sans attendre qu'elles m'en priassent, je vendis ma maison de la rue des Tournelles et j'allai prendre un logement sur le quai, en face des Tuileries.

Magdeleine logeait rue de Verneuil et la comtesse rue des Saints-Pères. Nous étions alors tout à fait voisines. Tour à tour nous dînions ensemble, tantôt chez l'une, tantôt chez l'autre. Sur quoi roulaient nos entretiens? on le devine aisément. Comme le vieillard d'Horace, nous vantions les jours passés; nous allions chercher le regret au fond du souvenir.

La plus philosophe de nous trois était encore Magdeleine.

N'ayant jamais été belle, nécessairement elle regrettait beaucoup moins que nous. On peut même dire qu'elle n'avait rien perdu, puisqu'elle conservait ce que la vieillesse ne peut enlever, les charmes de l'esprit et du caractère.

— Le temps est un lâche, nous disait-elle; méprisons-le. Ne jette-t-il pas les rides comme le Parthe lançait les traits, en fuyant?

— Encore s'il n'atteignait pas son but, dit la comtesse

avec un soupir, on lui pardonnerait peut-être cette indigne manière de combattre.

— Oui, certes! m'écriai-je. Si les rides s'étaient écartées de mon visage, en faveur de cette maladresse je passerais au dieu Saturne sa lâcheté.

— Allons, allons, dit Magdeleine, oublions les jours qui ne sont plus!

J'avais réformé tout mon domestique en vendant la maison de la rue des Tournelles, et je n'avais conservé qu'une assez mauvaise cuisinière. Elle gâtait toutes les sauces et ne nous servait jamais un morceau cuit à point. Constamment j'étais obligée de la surveiller à la besogne ou même de lui venir en aide.

Un matin, de fort bonne heure, je trônais au milieu des casseroles pour soigner un salmis de perdreaux. La comtesse et Magdeleine devaient venir déjeuner chez moi et m'emmener ensuite à une grande solennité religieuse à Saint-Sulpice. La cérémonie commençait à neuf heures et ne devait finir qu'à cinq de relevée. Nous avions besoin, par conséquent, de réconforter d'avance notre dévotion.

Tout à coup je vis entrer dans ma cuisine un petit bonhomme de sept à huit ans, à l'œil vif, au sourire éveillé, qui m'ôta son bonnet et me dit le plus poliment du monde :

— Puisque vos fourneaux sont allumés, madame, donnez-moi donc un peu de braise, s'il vous plaît.

— De la braise, mon enfant... qu'en veux-tu faire?

— Notre servante a laissé, là-haut, le feu s'éteindre, et papa défend que j'aille au collége sans avoir mangé ma soupe.

— Quoi! mon ami, tu vas au collége si jeune?

— Oui, madame, j'étudie chez les Jésuites, et je vais entrer en sixième l'année prochaine.

— Comment t'appelles-tu? lui demandai-je.

— Je me nomme François-Marie Arouet de Voltaire.

— Et tu demeures dans la maison?

— Juste à l'étage au-dessus, répondit-il.

— Alors tu es le fils de M. de Voltaire, trésorier à la cour des comptes?

— Oui, madame. Veuillez, je vous prie, me donner de la braise, car l'heure de la classe approche; je serais grondé par mon professeur.

— Fort bien. Mais où la mettras-tu, cette braise? Tu n'as ni pelle ni vase.

— Ah! c'est vrai, que je suis étourdi!

Puis, se ravisant et se penchant sous les fourneaux?

— Je n'ai pas besoin de remonter, dit-il en prenant de la cendre, qu'il étendit dans le creux de sa main : posez-moi de la braise là-dessus.

Il riait et me regardait avec ses grands yeux pleins d'intelligence.

— Bravo! dis-je en lui frappant sur l'épaule, tu seras un garçon d'esprit.

Depuis ce jour, mon jeune collégien ne me rencontrait jamais sans me saluer et me sourire. Son père était noble, mais assez dépourvu de fortune. Quand je fis mon testament, je n'oubliai pas le petit bonhomme à la braise, et je lui léguai mille écus pour se commencer une bibliothèque.

Je menais une vie calme et très-heureuse, lorsqu'un soir, chez moi, notre pauvre Magdeleine eut une attaque si grave, qu'il fut impossible de la transporter à son domicile.

Nous la couchâmes sur mon lit, où bientôt elle fut à toute extrémité.

— Consolez-vous, séchez vos larmes, nous disait-elle d'une voix éteinte. Bientôt ce sera votre tour, et nous retrouverons dans un monde meilleur nos jeunes années et nos vieux amis.

La comtesse avait entendu parler d'un empirique célèbre, qui possédait, disait-on, des secrets merveilleux pour guérir toutes sortes de maladies. Elle courut à sa recherche pendant que je restais auprès de Magdeleine.

MADEMOISELLE DE LENCLOS

A SAINT-ÉVREMOND

Paris, 9 avril 1701.

Ah! mon ami, quelle horrible frayeur j'ai eue! Vraiment, je n'en suis pas encore remise, et je frissonne de tous mes membres.

La cruelle chose que ces folies du passé qui reviennent, à de si longs intervalles, se placer sur votre route et empoisonner l'heure présente.

J'ai revu mon homme noir, comprenez-vous?... mon homme noir du bal du Louvre, l'homme aux tablettes rouges et aux douze flacons; le même qui m'est apparu il y a soixante-dix ans. Ou plutôt non, ce n'était pas lui, puisque je vis encore. Mais quelle ressemblance, grand Dieu! Il portait, comme le premier, l'habit de velours noir, la calotte, la canne d'ébène, et jusqu'à cette grande mouche sur le front!... il y avait de quoi mourir de saisissement.

Vous me croyez folle, je gage? mais ce n'est point le cas de rire. Attendez que je mette un peu d'ordre dans ma narration.

Magdeleine de Scudéri tombe malade chez moi. Lorsqu'une femme a quatre-vingt-quatorze ans, il reste peu d'espoir de la sauver. Toutefois madame de Sandwick prend une voiture de place, et court chez un charlatan très en vogue, dont nous avions entendu vanter les cures admirables. Au bout d'une heure, elle rentre avec cet homme. Je lève la tête, je regarde, et je me renverse sur mon fauteuil, en criant avec épouvante :

— C'est lui!... c'est le diable!... O Seigneur! Seigneur!... protégez-moi!

Il se retourna vers la comtesse.

— Qu'y a-t-il donc? est-ce là votre malade? demanda-t-il.

— Grâce! m'écriai-je, en me précipitant à deux genoux. J'ai signé sur vos tablettes, sans doute; mais je n'ai pas entendu vendre mon âme.

— Ah! ah! fit-il, vous devez être mademoiselle de Lenclos?

— Oui, murmurai-je, atterrée.

— Vous regrettez d'avoir donné votre signature?

— Hélas!

— Tranquillisez-vous; je ne suis pas si diable que j'en ai l'air, et nous entrerons en arrangement.

Il s'approcha du lit de la malade; mais, pendant ce débat, Magdeleine avait rendu le dernier soupir.

— Je ne l'aurais pas sauvée, dit l'homme noir. Passons dans une autre chambre, ajouta-t-il en revenant à moi, nous y terminerons notre affaire.

— Oh! ma bonne comtesse, je vous en supplie, ne m'abandonnez pas! m'écriai-je, soulevant vers madame de Sandwick mes mains frémissantes.

— Pardon! ce que j'ai à vous dire ne doit être entendu de personne, mademoiselle : autrement il me serait impossible de résilier le marché, dit l'homme noir.

J'étais glacée de crainte, et je n'osais me confier aux assurances qu'il me donnait. Tout à coup, me rappelant que j'avais reçu, la veille, de mon confesseur un reliquaire contenant une parcelle de la vraie croix, j'allai le prendre dans mon armoire, et je le serrai précipitamment sous ma gorgerette.

— Soit, monsieur, lui dis-je, venez, je suis prête à vous entendre.

Nous entrâmes au salon.

Rendez-moi justice, mon ami. Vous ne m'avez jamais connue peureuse, je conserve encore toutes mes facultés : eh bien, je vous jure que pour rester là, seule avec un pareil interlocuteur, il me fallut rassembler tout ce que je possède d'énergie et de force d'âme. Après avoir soigneusement fermé la porte, l'homme noir me dit :

— Mademoiselle, c'est un acte d'honnête homme que je viens accomplir. Je ne vous demande pas le secret sur la révélation que je vais vous faire, et je vous crois trop d'honneur pour nuire à une personne dont le seul but est de vous être agréable.

Ce préambule était assez rassurant. Mais je me défiais

du personnage, et je tenais fortement pressée contre ma poitrine la sainte relique, contre laquelle devaient échouer toutes les tentatives de l'esprit du mal. L'homme noir m'avança un fauteuil, et prit un pliant à côté de moi.

— Je ne suis pas le diable, mademoiselle, poursuivit-il ; je ne suis pas même celui qui a eu jadis l'honneur de vous rendre visite.

Je tressaillis, et je le regardai avec un peu moins de terreur.

— Quoi! monsieur, vous n'êtes pas...

— Non, dit-il, sans me laisser achever, c'était mon père.

— Votre père?

— Oui, un juif portugais, qui a fait sur l'art de guérir des études profondes. Je lui ressemble beaucoup, mademoiselle.

— C'est-à-dire que cela est effrayant, monsieur!

— D'autant plus, ajouta-t-il, que j'ai soin de porter les mêmes habits. Cette ressemblance est toute ma fortune. Nombre de personnes y ont été trompées comme vous ; mais votre erreur pouvait avoir des conséquences plus graves, c'est pourquoi je vous désabuse.

Je commençais à respirer plus librement.

— Mais est-ce bien vrai, murmurai-je, ce que vous me dites là?

— Vous doutez encore, tant mieux. Si la femme la plus spirituelle du siècle a cru à l'immortalité d'un homme, que sera-ce de l'opinion des autres? Je puis déjà, vous le savez mieux que personne, me donner quelque chose comme cent trente ans. Mon fils, dans un demi-siècle, pourra se donner le double Je n'avais, moi, que des traditions verbales, il aura des traditions écrites ; je lui léguerai bon nombre de secrets avec l'histoire des familles. Certes, il ne manquera pas de gens qui, m'ayant vu dans leur jeunesse, le prendront pour moi, comme vous m'avez pris pour mon père. Seulement, notre fortune s'étant accrue d'une façon considérable, je veux qu'il porte un titre : il s'appellera le comte de Saint-Germain.

— Je suis confondue de surprise, lui dis-je. Et à quoi bon cette ruse ? pourquoi perpétuer de père en fils une aussi étrange ressemblance ?

— Vous me le demandez ! s'écria-t-il. Mais songez donc à tout ce que cela nous donne de prestige. Réfléchissez à l'aveugle confiance obtenue par l'homme qui a trouvé pour lui-même le secret de ne pas mourir. Ignorez-vous que la foi du malade est souvent la principale cause de sa guérison ? Agissez fortement sur le moral, le physique en ressentira l'influence à coup sûr. Vous en êtes vous-même une preuve évidente.

— Moi ?

— N'êtes-vous pas restée belle jusqu'à quatre-vingts ans ?

— C'est vrai.

— Savez-vous ce que contenaient les douze flacons destinés à éterniser vos charmes ? Ils contenaient de l'eau pure.

— Est-ce possible ?

— Oui, mademoiselle, de l'eau pure, mélangée de quelques gouttes d'une substance chimique inoffensive, pour la rendre incorruptible et la colorer légèrement. L'expérience a réussi. Mon père, toutefois, avait été trop loin en vous laissant croire à un pacte avec le diable. Tout à l'heure, en croyant me reconnaître, l'émotion pouvait vous donner un coup terrible. N'avait-il pas dit qu'à dater de l'heure où vous le reverriez vous n'auriez plus que trois jours d'existence?

— Il me l'avait dit, murmurai-je, frissonnant encore malgré moi.

— Quel âge avez-vous? me demanda l'empirique.

— Quatre-vingt-neuf ans.

— Votre bras, s'il vous plaît?

Je le lui tendis, il me tâta le pouls.

— Eh bien, dit-il, non-seulement vous ne mourrez pas dans trois jours, mais je vous garantis pour le moins cinq années encore, avant de songer à l'autre monde. Adieu, mademoiselle. Pour achever de vous tranquilliser l'esprit je vais à l'instant même vous renvoyer la feuille des tablettes de mon père, sur laquelle vous avez donné votre signature.

Il tint parole. Moins d'une heure après, je reçus le maudit feuillet rouge, et je le brûlai avec une satisfaction extrême.

Ainsi, mon ami, voilà le dénoûment de mon histoire avec le diable. Franchement, j'aime beaucoup mieux celui-là qu'un autre. Je suis du moins un peu rassurée au sujet de mon salut.

Une seule chose me tourmente, vous le dirai-je? c'est d'avoir cédé à votre désir et de vous avoir envoyé mes *Mémoires*. Je vous en conjure, que ces pages soient lues de vous seul; gardez-vous de livrer à la publicité mes folles aventures. C'est fini, vous ne recevrez plus rien. Hélas! je vois maintenant les choses à un tout autre point de vue, et l'éternité me paraît bien à craindre.

Adieu, mon vieil ami.

Réfléchissez un peu vous-même; pesez bien le pour et le contre, et tâchons de ne pas être séparés là-haut!

NINON.

ÉPILOGUE

Saint-Évremond eut égard aux scrupules de mademoiselle de Lenclos. Il garda pour lui ces précieuses révélations écrites, que le hasard, après deux siècles, a jetées entre nos mains.

La famille anglaise chez laquelle le célèbre auteur termina sa longue carrière fit mettre sous enveloppe et sceller les manuscrits trouvés dans sa chambre après son décès, pensant que les héritiers viendraient les réclamer un jour.

Mais toute la famille de Saint-Évremond était éteinte.

Dans un voyage que je fis à Londres, il y a deux ans, sir William Melburn, dernier descendant des hôtes qui avaient recueilli l'exilé français, me confia toute une énorme liasse de papiers, disant que je trouverais là quelques *historiettes de France*. Ce sont les expressions dont il se servit.

Le brave Anglais ne se doutait guère du trésor dont il était possesseur.

Ai-je commis un abus de confiance en transcrivant les

Mémoires authentiques de mademoiselle de Lenclos? je ne le crois pas. Toutes ces pages appartenaient à mon pays, c'était un devoir pour moi de les lui rendre.

Et maintenant que j'ai fait part au public de ma découverte, il suffira de quelques mots pour compléter l'histoire de la femme célèbre qui s'est peinte elle-même avec tant de franchise.

Pendant les dernières années de sa vie, c'est-à-dire jusqu'en 1706, mademoiselle de Lenclos cultiva précieusement la société du petit nombre d'amis qui lui restaient encore, s'appliquant à se rendre chère à tous, et se privant quelquefois du nécessaire pour donner des aumônes plus ou moins abondantes ou pour laisser des legs plus riches à ceux qui devaient rester après elle. Voyant approcher la mort, elle ne perdit rien de la sérénité de son âme. Elle conserva jusqu'à la dernière minute sa liberté d'esprit et les grâces aimables de son entretien.

« Il est presque doux de mourir, disait-elle, puisque, là-haut, nous retrouverons ceux que nous avons aimés. »

Un instant avant de rendre le dernier souffle, entendant Fontenelle lui affirmer qu'elle en reviendrait, elle lui répondit par ce quatrain, resté comme un monument de sa force d'âme au milieu de l'agonie :

> L'indulgente et sage nature
> A formé l'âme de Ninon
> De la volupté d'Épicure
> Et de la vertu de Caton.

Un vicaire de Saint-Sulpice entra pour lui administrer les derniers sacrements de l'Église. Ninon les reçut avec une grande dévotion ; puis elle s'écria tout à coup :

« Adieu, mes amis, adieu ! »

On s'approcha de son lit, elle était morte.

Mademoiselle de Lenclos a été bien certainement une des femmes les plus dignes et les plus estimables du dix-septième siècle. Si son goût pour le plaisir a quelque peu dépassé les bornes, elle a racheté ses erreurs par les qualités les plus précieuses et les plus rares. Il n'y eut pas d'esprit plus fin, plus délicat, de cœur plus noble et plus généreux. Ninon vit toute son époque à ses genoux, et le jour où elle cessa d'être belle, elle ne perdit ni un ami ni un admirateur. C'est le plus magnifique éloge qu'on puisse faire d'une femme.

Saint-Évremond l'a peinte admirablement dans ces quatre vers :

> Qu'un vain espoir ne vienne pas s'offrir
> Qui puisse ébranler mon courage ;
> Je suis en âge de mourir,
> Que ferais-ici davantage ?

Il est certain que la postérité, toujours juste dans ses appréciations sur les personnes, n'aurait pas élevé mademoiselle de Lenclos sur un piédestal, si, à côté de sa vie d'amour, on n'eût pas trouvé l'énergie de caractère, un mérite supérieur, l'honnêteté, le jugement, l'esprit et tout ce qui distingue les grandes âmes.

FIN DU TROISIÈME ET DERNIER VOLUME

F. AUREAU. — Imprimerie de LAGNY

COLLECTION MICHEL LÉVY, 1 fr. 25 c. le volume (Extrait du Catalogue)

Clém. Robert Mendiants de Paris, Misère dorée, Pasteur du peuple, 4 sergents de la Rochelle. **Régina Roche** Chapelle du v. château. **A. Rolland** Martyrs du foyer **J. Rousseau** Paris dansant. **J. de St-Félix** Gant de Diane, Madem. Rosalinde, Scènes de la vie de gentilhomme. **G. Sand** Adriani, Amours de l'âge d'or, Beaux messieurs de Bois-Doré, Château des Désertes, Compagnon du tour de France, Comtesse de Rudolstadt, Consuelo, Les Dames vertes, La Daniella, Le Diable aux champs, La Filleule, Flavie, Hist. de ma vie, L'Homme de neige, Horace, Isidora, Jeanne, Lelia, Lucrezia Floriani, Meunier d'Angibault, Narcisse, Pauline, Le Péché de M. Antoine, Le Piccinino, Promenades autour d'un Village, Le Secrétaire intime, Simon, Teverino. **J. Sandeau** Catherine, Le Jour sans lendemain, Mlle de Kerouare, Sacs et parchemins. **E. Scribe** Théâtre, Comédies-Vaudevilles, Opéras. **F. Soulié** Au jour le jour, Aventures de Saturnin Fichet, le Bananier — Eulalie Pontois, Château des Pyrénées, Comte de Foix, Comte de Toulouse, Comtesse de Monrion, Confession générale, Le Conseiller d'État, Contes et récits de ma grand'mère, Contes pour les enfants, Deux cadavres, Diane et Louise, Drames inconnus, Maison n° 3 de la rue de Provence, Avent. d'un cadet de famille, Amours de Victor Bonserne, Olivier Duhamel, Un été à Meudon, Les Forgerons, Huit jours au Château, Le Lion amoureux, La Lionne, Le Magnétiseur, Le Maître d'école, Un Malheur complet, Marguerite Mémoires du diable, Port de Créteil, Les Prétendus, Quatre époques, Quatre Napolitaines, Quatre sœurs, Rêve d'Amour.— La Chambrière, Sathaniel, Si jeunesse savait, si vieillesse pouvait, Vicomte de Béziers. **E. Souvestre** Anges du foyer, Au bord du lac, Au bout du monde, Au coin du feu, Causeries histor. et litt., Chroniques de la mer, Les Clairières, Confessions d'un ouvrier, Contes et nouvelles, Dans la prairie, Derniers Bretons, Derniers paysans, Deux misères, Drames parisiens, L'Echelle de femmes, En Bretagne, En famille, En quarantaine, Foyer breton, La Goutte d'eau, Histoires d'autrefois, L'Homme et l'argent, Loin du pays, Lune de miel, Maison rouge, Mari de la fermière, Mât de cocagne, Mémorial de famille, Mendiant de Saint-Roch, Le Monde tel qu'il sera, Le Pasteur d'hommes, Péchés de jeunesse, Pendant la moisson, Philosophe sous les toits, Pierre et Jean, Promenades matinales, Récits et souvenirs, Les Réprouvés et les Élus, Riche et pauvre, Roi du monde, Scènes de la chouannerie, Scènes de la vie intime, Scènes et récits des Alpes, Soirées de Meudon, Sous la tonnelle, Sous les filets, Sous les ombrages, Souvenirs d'un Bas-Breton, Souvenirs d'un vieillard, Sur la pelouse, Théâtre de la jeunesse, Trois femmes, Trois mois de vacances, Valise noire. **M. Souvestre** Paul Ferroll. **D. Stauben** Scènes de la vie juive en Alsace. **Stendhal** De l'amour, Chartreuse de Parme, Chroniques et nouvelles, Promenades dans Rome, Le Rouge et le Noir. **D. Stern** Nélida. **Sterne** Voyage sentimental. **E. Sue** La Bonne aventure, Le Diable médecin, Adèle Verneuil, Clémence Hervé, La Grande dame, Fils de famille, Gilbert et Gilberte, Secrets de l'oreiller, Sept péchés capitaux, — L'Orgueil — L'Envie — La Colère — La Luxure — La Paresse — L'Avarice — La Gourmandise. **Mme Surville** Balzac, sa vie et ses œuvres. **E. Texier** Amour et finance. **W. Thackeray** Les Mémoires d'un valet de pied. **L. Ulbach** Suzanne Duchemin, La Voix du sang. **O. de Vallée** Les Manieurs d'argent. **Valois de Forville** Comte de Saint-Pol, Conscrit de l'an vin, Marquis de Pazaval. **Max. Valrey** Marthe de Montbrun. **V. Verneuil** Aventures au Sénégal. **Doct. Véron** Mém. d'un bourgeois de Paris. **Pierre Véron** La Comédie en plein vent, Famille Hazard, Foire aux grotesques, Maison Amour et Cie, Marchands de santé, Paris s'amuse, Roman de la Femme à Barbe, Les Souffre-plaisirs. **A. de Vigny** Laurette ou le Cachet rouge, La Veillée de Vincennes, Vie et mort du capitaine Renaud. **Ch. Vincent et David** Le Tueur de brigands. **L. Vitet** Les États d'Orléans. **J. de Wailly fils** Scènes de la vie de famille. **F. Wey** Londres il y a cent ans. **Yeméniz** La Grèce moderne.

ŒUVRES COMPLÈTES DE H. DE BALZAC (Nouvelle édition complète)

55 volumes. — 1 fr. 25 c. le volume *(Chaque volume se vend séparément)*

Scènes de la vie privée, Tome 1. Maison du chat qui pelotte. Le Bal de Sceaux. La Bourse. La Vendetta. Madame Firmiani. Une double famille. Tome 2. Paix du ménage. Fausse maîtresse. Étude de femme. Autre étude de femme. Grande Bretèche. Albert Savarus. Tome 3. Mém. de deux jeunes mariées. Une Fille d'Ève. Tome 4. Femme de trente ans. Femme abandonnée. La Grenadière. Le Message. Gobseck. Tome 5. Contrat de mariage. Début dans la vie. Tome 6. Modeste Mignon. Tome 7. Béatrix. Tome 8. Honorine. Colonel Chabert. Messe de l'athée. L'Interdiction. Pierre Grassou. **Scènes de la vie de Province**. Tome 9. Ursule Mirouet. Tome 10. Eugénie Grandet. Tome 11. Les Célibataires, I. Pierrette. Curé de Tours. Tome 12. Célibataires, II. Ménage de garçon. Tome 13. Parisiens en province. L'Illustre Gaudissart, Muse du département. Tome 14. Les Rivalités. Vieille fille. Cabinet des antiques. Tome 15. Lys dans la vallée. Tome 16. Illusions perdues. I. Deux poètes. Grand homme de province à Paris, 1re partie. Tome 17. Illusions perdues. II. Grand homme de province, 2e partie. Eve et David. **Scènes de la vie parisienne**. Tome 18. Splendeurs et misères des courtisanes. Esther heureuse. A combien l'amour revient aux vieillards. Où mènent les mauvais chemins. Dernière incarnation de Vautrin. Prince de la Bohème. Un Homme d'affaires. Gaudissart II. Comédiens sans le savoir. Tome 20. Hist. des Treize. Ferragus. Duchesse de Langeais. Fille aux yeux d'or. Tome 21. Père Goriot. Tome 22. César Birotteau. Tome 23. Maison Nucingen. Secrets de la princesse de Cadignan. Les Employés. Sarrasine. Facino Cane. Tome 24. Parents pauvres. 1. Cousine Bette. Tome 25. Parents pauvres. 2, Cousin Pons. **Scènes de la vie politique**. Tome 26. Ténébreuse affaire. Épisode sous la Terreur. Tome 27. L'envers de l'hist. contemporaine. Madame de la Chanterie. L'Initié. Z. Marcas. Tome 28. Député d'Arcis. **Scènes de la vie militaire**. Tome 29. Les Chouans. Passion dans le désert. **Scène de la vie de campagne**. Tome 30. Médecin de campagne. Tome 31. Curé de village. T. 32. Les Paysans. **Études philosophiques**, Tome 33. Peau de Chagrin. Tome 34. Recherche de l'absolu. Jésus-Christ en Flandre. Melmoth réconcilié. Chef-d'œuvre inconnu. Tome 35. L'Enfant maudit. Gambara, Massimilla Doni. Tome 36. Les Marana. Adieu. Le Réquisitionnaire. El Verdugo. Drame au bord de la mer. L'Auberge rouge. L'Élixir de longue Vie. Maître Cornélius. Tome 37. Sur Catherine de Médicis. Martyr calviniste. Confidence des Ruggieri. Deux Rêves. Tome 38. Louis Lambert. Les Proscrits. Séraphita. **Études Analytiques** Tome 39. Physiologie du mariage, Tome 40 Petites misères de la vie conjugale. **Contes drolatiques** Tome 41. Tome 42. Tome 43. **Théâtre**. Tome 44. Vautrin, Ressources de Quinola, Paméla Giraud, Tome 45. La Marâtre Le Faiseur (Mercadet), **Œuvres de jeunesse**. 10 vol Argow le Pirate, Le Centenaire. La Dernière fée, Don Gigadas, L'Excommunié, L'Héritière de Birague, L'Israélite, Jane la pâle, Jean-Louis, Le Vicaire des Ardennes.

Boulogne (Seine). — Imp. JULES BOYER et Cie.

www.ingramcontent.com/pod-product-compliance
Lightning Source LLC
Chambersburg PA
CBHW050655170426
43200CB00008B/1294